保育ソーシャルワークの制度と政策

保育ソーシャルワーク学
研究叢書
第3巻

日本保育ソーシャルワーク学会 監修
伊藤良高・櫻井慶一
立花直樹・橋本一雄 責任編集

晃洋書房

はしがき
——保育ソーシャルワークの学としての可能性を探る——

　日本において、「保育ソーシャルワーク」という言葉が意識的に使用され始めてからしばらく経った。この言葉がいつ頃から使用され始めたかを特定することは難しい側面もあるが、一般的には保育領域において保護者支援・子育て支援を新たな領域として位置付けようとする議論が積極的に展開されていく2000年代初めであるといってよいであろう。
　すなわち、それは、保護者支援・子育て支援の中核施設として保育所が位置付けられて以降のことであり、特に保育士資格が国家資格化（法定化）される2001年前後のことである。その先駆け的論者の1人である石井哲夫は、保育ソーシャルワークについて、「目下、保育所が社会的に期待されてきている保育は、単に保育所内の自己完結的な保育のみではない。子どもの属している生活空間や時間的な進行過程を望見し、アセスメントを行い、広い視野に立つ生活と発達の援助を行うことである。従って、保護者に対しても強く影響力をもつ保育が期待されてきている」と述べ、児童虐待の増加等に対して、保育所がセーフティネットの最前線にあるべきであると論じている。そして、地域子育て支援を担う人材として、「当面、現実的な視点から考えて、保育所として保育士もその任に当ることが妥当」としたうえで、保育士によるソーシャルワーク論を展開している（参照：石井哲夫「保育ソーシャルワーク講座——新エンゼルプラン、改訂保育指針にもとづく子育て支援を考える」『白梅学園短期大学　教育・福祉研究センター研究年報』第6号、2001年：同「私説　保育ソーシャルワーク論」前掲年報、第7号、2002年)。
　ここでは、児童虐待の予防対応をメインに、地域における子育て支援拠点として、保育所・保育士がソーシャルワーク支援を必要としている家庭の子育て支援に積極的に対応していくことの重要性が唱えられているが、こうした指摘に見られるように、今日、保育所等保育施設におけるソーシャルワーク機能の発揮（ネットワーク構築を含む）や保育士等保育者の専門性としてのソーシャル

ワーク能力の形成、子どもと保護者に対する保育ソーシャルワーク実践をつかさどる人材（保育ソーシャルワーカー）の育成などが課題となるなかで、保育とソーシャルワークの学際的領域である保育ソーシャルワークへの関心が高まってきている。

　本研究叢書は、2013年11月30日に、保育ソーシャルワークの専門学会として設立された「日本保育ソーシャルワーク学会」の創立5周年を記念して企画されたものである。学会創設時には、当時の学会の総力を挙げて取り組まれた『保育ソーシャルワークの世界――理論と実践――』（晃洋書房、2014年11月。「改訂版」は、2018年7月）が発行されているが、近年、保育ソーシャルワークを専攻とする研究者・実践者やそれを直接のテーマとする論文・実践報告の数も急速に増えつつあり、保育ソーシャルワークの学としての組織化・体系化が求められるにいたっている。

　本研究叢書は、保育ソーシャルワークの学としての構築をめざして、再び学会の叡智を結集して編集されたものである。「思想と理論」、「内容と方法」及び「制度と政策」の3巻で構成され、保育ソーシャルワーク研究・実践の現段階を明らかにし、学としての創造に向けて今後進むべき道標を指し示そうと試みている。できる限り保育ソーシャルワークの全体像が鳥瞰できるよう、随所に工夫がなされており、日本初の「保育ソーシャルワーク学講座」と呼べる内容となっている。

　各論文にあっては、それぞれに最新の議論と実践が紹介され展開されているが、なかには、まったく相反する内容や見解も含まれている。それらは、真理を探究する学会としての健全さを示すものであると同時に、保育ソーシャルワークの学としての可能性を雄弁に物語るものであるといえるであろう。本研究叢書が、保育ソーシャルワークを考究する「定跡（石）」の書として、保育ソーシャルワークの研究者・実践者のみならず、保育とソーシャルワークを学ぶ学生・院生、保育者、ソーシャルワーカー、子育て支援関係者、保育行政職員、さらには、保育・子育てに関心のある一般市民の方々に広く読まれていくことを願ってやまない。

　最後になったが、厳しい出版事情のなかで、上述した学会設立記念誌に加えて、全3巻という大部の学術専門書の発行にあたり、本書の出版を快諾された

晃洋書房の植田実社長、編集でお世話になった丸井清泰氏、校正でお手数をおかけした石風呂春香氏に、心から感謝の意を表したい。

  2018年9月1日
              学会創立5周年を記念して
              日本保育ソーシャルワーク学会
                            会長　伊藤良高

解　題

第3巻編集委員	伊藤良高　櫻井慶一
	立花直樹　橋本一雄

　1990年代後半以降、日本の教育政策は、「規制改革」「地方分権改革」をはじめとする社会福祉基礎構造改革の枠組みのなかで、公教育制度の新自由主義的再編成が企図され、「集中と選択」による競争力人材の効率的産出や公教育の市場化・商品化が推進されている。それは、必然的に、教育の私営化をもたらし、私費負担・応益負担が拡大するなか、教育の機会均等は失われ、出身階層による教育格差・貧困格差が拡大している。こうした状況は、2006年12月の教育基本法の全部改正によって、より一層強められる傾向にある（伊藤、2011、11）[1]。

　本書が対象とする保育・幼児教育の制度・政策においても、同様である。近年の保育・幼児教育政策にあって、保育・幼児教育（以下、原則として「保育」と総称）のサービスの充実や質の向上といったスローガンの下、競争原理の導入や多様な経営主体の市場参入が急速に推し進められている。また、地域行政の総合化や運営の効率化、保育、教育、保護者に対する子育て支援の総合的な提供に向けて、幼稚園と保育所の一体化や認定こども園の普及促進などが課題となっている。2015年4月に実施された「子ども・子育て支援新制度」は、それらの未来（もたらす結果）を占う試金石となっている[2]（伊藤、2015）。

第3巻の構成と内容

　こうした状況を踏まえ、第3巻（制度と政策）の構成は、次のようになっている。全体で、2部構成であるが、まず、「第Ⅰ部　保育制度と保育ソーシャルワーク」では、保育ソーシャルワークの視点から、子どもの権利擁護、保育制度・経営論、保育制度の改革、幼稚園制度の改革、認定こども園制度の改革及び保育施設の組織と経営改革について検討している。次いで、「第Ⅱ部　保育政策と保育ソーシャルワーク」では、保育ソーシャルワークの視点から、保育

に関する社会情勢、保育課程・教育課程政策、保育者の養成、保育者の研修及び保育ソーシャルワーカーの育成について考察している。「第Ⅰ部」「第Ⅱ部」ともに、保育ソーシャルワーク研究・実践において不可欠なテーマを選定し、それぞれの理念、現状、問題点、課題について考究している。

「第Ⅰ部」の第1章「子どもの権利擁護と保育ソーシャルワーク」(橋本一雄)は、子どもの権利を保障し、擁護するために保育ソーシャルワークがどのように機能すべきかを論じている。子どもの権利を保障するための現行法体系を踏まえたうえで、子どもの権利の保障に向けて、幼児期の学習権の保障と教育の機会均等の実現が不可欠であることを指摘している。保護者・保育者・行政機関・地域社会が一体となって保育・幼児教育に取り組む必要があり、保育ソーシャルワークがそれらを架橋する一翼を担いうる可能性について示唆している。

第2章「保育制度・経営論としての保育ソーシャルワーク」(伊藤良高)は、1990年代後半以降における保育制度・経営をめぐる政策的・法的状況を踏まえながら、保育ソーシャルワークの視点から、保育制度・経営をめぐる理論と問題について考察したものである。近年、子育て支援の必要性が唱えられているが、その充実・発展に向け、保育制度・経営におけるネットワークの構築及び保育当事者・関係者の連携・協働が不可欠であると結論付けている。保育ソーシャルワークの視点からの保育制度・経営論として、先駆的な論稿である。

第3章「保育所制度の改革」(櫻井慶一)は、保育ソーシャルワークの意味や役割を、近年における保育所制度改革や人権保障・多様性の尊重など「福祉」の動向と結び付けながら明らかにすることを目的としている。戦後の保育所制度の役割機能の拡大過程と保育ソーシャルワークの展開過程をトータルに捉え、子どもや家庭を取り巻く状況が憂慮すべき段階にある今日、児童福祉施設としての保育所及び児童福祉従事者としての保育士は、保育ソーシャルワークの視点からのさらにきめ細やかな専門的対応が求められると提言している。

第4章「幼稚園制度の改革」(金子幸)は、幼稚園制度のこれまでの経緯とこれからの課題、また、幼稚園における子育て支援について保育ソーシャルワークの視点も含めて検討したものである。幼稚園教育の制度と内容の変遷を振り返りながら、近年では、子育てを取り巻く環境の変化のなかで、次代を担う人材としての子どもを守り育てることに加え、子どもが生活する家庭への支援や

保護者への支援の重要性が叫ばれていることを確認する。そして、今後は、幼稚園におけるソーシャルワーク機能の充実が課題であると提起している。

第5章「認定こども園制度の改革」(伊藤良高)は、「幼児教育の充実」に向けた鍵的存在として位置付けられている認定こども園制度の改革をめぐる動向と課題について、保育ソーシャルワークの視点から検討したものである。認定こども園制度における問題点を鋭く指摘するとともに、幼保連携型認定こども園における子育て支援への期待が高まるなかで、認定こども園がその役割を果たすためには、保育ソーシャルワーカーの養成・研修や施設への配置など、保育ソーシャルワークの視点からの制度改革が必須であると提言している。

第6章「保育施設の組織と経営改革」(横松友義)は、保育施設におけるカリキュラム・マネジメントと保育ソーシャルワークをいかに成立・統合・発展させていけばよいかについて考察したものである。保育施設において、本格的なカリキュラム・マネジメントを導入することの大切さを唱え、そのためには施設長のリーダーシップのもと、保育ソーシャルワーク機能の把握・充実の手順開発が必要であると指摘している。これからの経営改革の要は、カリキュラム・マネジメントを結びついた保育ソーシャルワークであると言明している。

「第Ⅱ部」の第7章「保育に関する社会情勢と保育ソーシャルワーク」(村上満)は、保育に関する社会情勢と保育ソーシャルワークに係る最新の動向について横断的に概観したものである。特に、今日、保育ソーシャルワークが求められるに至ったマクロ環境について、PEST分析を用いて、保育に関する情報提供として整理・叙述している。そして、子どもと保護者を取り巻く環境の複雑化・多様化を踏まえ、保育現場等に特化したソーシャルワークを担う高度な人材が必須であることを立証している。

第8章「保育ソーシャルワークから見た保育課程・教育課程政策」(香﨑智郁代)は、保育所、幼稚園及び認定こども園における保育課程・教育課程政策の動向と課題について、保育ソーシャルワークの視点から検討したものである。近年における保育課程・教育課程政策の動向とその特徴を踏まえながら、家庭をはじめ地域の関係機関や社会資源と連携・協働しつつ、保育施設における保育ソーシャルワーク実践を中核的に担うことのできる高度な専門性を持った人材の養成が必要不可欠であることを指摘している。

第9章「保育者の養成と保育ソーシャルワーク教育」(牛島豊広)は、保育ソーシャルワークの視点から、保育者養成の現状と課題について考察したものである。とりわけ、保育・教育実習に焦点をあて、将来の保育者として実践する保護者支援や子育て支援についての知識・技術を十分に学ぶことのできる環境が整っていないことを明示している。社会に生きる子どもの最善の利益を保障する保育者の専門性として、養成の段階から、保育ソーシャルワークの理念や価値を積極的に位置付けていくことの大切さを提起している。

第10章「保育者の研修と保育ソーシャルワーク教育」(塩野谷斉)は、近年保育関係者の間でソーシャルワークの重要性を認める認識が高まっていることを踏まえつつも、実際の保育者の養成や研修において、そのための学習の機会が十分に保障されていないことについて考察したものである。保育者の養成及び研修における保育ソーシャルワーク教育の現状について概観し、子どもや家族と社会とのつながりを豊かにする契機となる保育ソーシャルワークの可能性に触れ、その学習についてのさらなる充実を提唱している。

第11章「保育ソーシャルワーカーの育成」(若宮邦彦)は、近年注目される保育ソーシャルワーカーについて、関連する議論を踏まえながら、その育成にかかわる基本的な枠組みについて俯瞰的に論考したものである。保育実践及び保護者支援・子育て支援における保育ソーシャルワークの必要性を確認したうえで、保育者養成とソーシャルワーク教育並びに保育ソーシャルワーカー育成の現状と課題について論じている。保育ソーシャルワークの理論的成熟に加えて、保育ソーシャルワーカー養成制度のさらなる深化を唱えている点が注目される。

課題と展望

保育の制度と政策は、それらを支える保育の思想・理念と結び付いて、保育実践や子育て支援活動、保育施設経営などを規定するものである。また、逆に、保護者、保育者、地域住民の意思や要求を基礎とした実践や取り組みが生み出され、定立した制度・政策として、普遍化、恒久化、制度化される可能性もある。したがって、保育ソーシャルワークの学としての構築の過程において、保育の制度と政策に係る研究は必須のものであるといわざるを得ない[3]。

しかしながら、これまで保育界にあっては、保育制度・政策・経営に関する

著書、論文自体は相当程度蓄積されてきてはいるものの、それらを主な研究対象とする、または専攻とする研究者の数がきわめて少ないという状況にある。今後、日本保育ソーシャルワーク学会としても、本巻における研究成果を礎の1つとして、こうした人材の育成に精力的にあたっていきたいと考えている。将来、保育ソーシャルワークの視点からの保育制度（政策・経営）学なるものが創造、形成されていくことが、大いに期待される。

注
1）伊藤良高（2015）「教育基本法全部改正が教育界にもたらしたもの」伊藤良高・大津尚志・永野典詞・荒井英治郎編『教育と法のフロンティア』晃洋書房。参照：櫻井慶一（2006）『保育制度改革の諸問題――地方分権と保育園――』新読書社。
2）伊藤良高（2015）『幼児教育行政学』晃洋書房。参照：伊藤良高・宮﨑由紀子・香﨑智郁代・橋本一雄編（2018）『保育・幼児教育のフロンティア』晃洋書房。
3）参照：伊藤良高（2016）「保育制度研究の視点と課題」『熊本学園大学論集 総合科学』第21巻第1号（通巻第41号）。

目　次

はしがき
解　題

第Ⅰ部　保育制度と保育ソーシャルワーク

第1章　子どもの権利擁護と保育ソーシャルワーク……………3
　はじめに　(3)
　1　日本国憲法における子どもの権利の保障　(6)
　2　子どもの権利を保障する日本の現行法体系　(9)
　3　子どもの権利擁護と保育ソーシャルワーク　(12)
　お わ り に　(15)

第2章　保育制度・経営論としての保育ソーシャルワーク………19
　はじめに　(19)
　1　保育制度・経営改革の動向と問題点　(20)
　2　保育ソーシャルワークとしての保育制度論　(23)
　3　保育ソーシャルワークとしての保育経営論　(26)
　お わ り に　(30)

第3章　保育所制度の改革……………………………………33
　はじめに　(33)
　1　ソーシャルワークの基本概念と保育ソーシャルワーク　(34)
　2　戦後保育所の役割機能の拡大と保育ソーシャルワーク　(36)
　3　保育所制度改革と保育ソーシャルワークの展望　(40)
　お わ り に　(45)

第 4 章　幼稚園制度の改革 ………………………………… 49
はじめに　(49)
1　幼稚園制度の成立と展開　(49)
2　幼稚園制度における教育　(55)
3　これからの幼稚園制度　(61)
お わ り に　(63)

第 5 章　認定こども園制度の改革 ……………………………… 67
はじめに　(67)
1　認定こども園制度の成立と展開　(68)
2　認定こども園制度の現状と問題点　(72)
3　保育ソーシャルワークから見た認定こども園制度の課題　(77)
お わ り に　(81)

第 6 章　保育施設の組織と経営改革 …………………………… 85
はじめに　(85)
1　現在の保育施設における組織目的と保育ソーシャルワーク　(85)
2　これからの保育施設におけるカリキュラム・マネジメントの成立に向けて　(88)
3　カリキュラム・マネジメントの成立・発展を目指す中で促される保護者としての育ち　(91)
4　保育施設の経営改革に向けて　(96)
お わ り に　(98)

第 II 部　保育政策と保育ソーシャルワーク

第 7 章　保育に関する社会情勢と保育ソーシャルワーク ……… 103
はじめに　(103)
1　保育に関する社会情勢の変化と日本が取り組む最新の動き　(103)
2　保育を取り巻くマクロ環境の分析と保育ソーシャルワーク　(106)

3　これからの地域の中で求められる視点と保育ソーシャルワーク
　　　（114）
　　おわりに　（116）

第8章　保育ソーシャルワークから見た保育課程・教育課程政策 …………… 119
　　はじめに　（119）
　　1　保育課程・教育課程とは　（119）
　　2　保育課程・教育課程政策の変遷　（123）
　　3　保育ソーシャルワークの視点から見た保育課程・教育課程政策の課題
　　　（128）
　　おわりに　（131）

第9章　保育者の養成と保育ソーシャルワーク教育 ………… 135
　　はじめに　（135）
　　1　保育者による保育ソーシャルワーク実践の現状と課題　（136）
　　2　保育者の養成における保育ソーシャルワークの位置付け　（140）
　　3　今後の保育者養成における保育ソーシャルワーク教育の展開　（147）
　　おわりに　（151）

第10章　保育者の研修と保育ソーシャルワーク教育 ………… 155
　　はじめに　（155）
　　1　保育者養成における保育ソーシャルワーク教育　（155）
　　2　保育現場における保育ソーシャルワークの必要性　（160）
　　3　保育者研修における保育ソーシャルワーク教育　（164）
　　おわりに　（167）

第11章　保育ソーシャルワーカーの育成 ………… 171
　　はじめに　（171）
　　1　保育ソーシャルワーカー　（172）

2　保育ソーシャルワークの意義　　(179)
  3　保育ソーシャルワーカー養成の現状と課題　　(182)
お わ り に　　(185)

索　　引　　(189)

第Ⅰ部　保育制度と保育ソーシャルワーク

第1章
子どもの権利擁護と保育ソーシャルワーク

1　はじめに

　日本の憲法学及び教育法学において子どもの人権を論じようとするとき、1994年に日本が批准した子どもの権利条約（United Nations Convention on the Rights of the Child）を抜きに語ることはできない。それは戦後の日本の子どもの権利の保障をめぐる１つの里程標であり、批准から20年以上が経過した今、その後の日本の子どもの権利の保障の現状を分析することは欠くことのできない作業である。

　子どもの権利条約で掲げられている子どもの権利は、大別すれば「生きる権利」「守られる権利」「育つ権利」「参加する権利」といった４つの柱に分類することができる[1]。これらの権利の保障を通じて、子どもが安心して、安全な環境において成長と発達を遂げ、自らの人格を形成して行く権利の保障を実現することが目指されている。前二者は、子どもの貧困や児童虐待など、いわば子どもの福祉の観点から保障されるべき権利であるのに対して、後二者は、子どもの教育の観点から保障されるべき権利といえる。本章では、とりわけこの後二者を中心に取り上げる。

　本章は「子どもの権利擁護と保育ソーシャルワーク」と題し、子どもの権利を保障し、擁護するために、保育ソーシャルワークがどのように機能するべきかを論じるため以下のように構成している。まず１では、戦後の日本の子どもの権利の保障をめぐり、日本国憲法における子どもの権利の保障について考察する。ここでは、子どもにも日本国憲法が保障する権利は保障されうるのかという意味での人権享有主体性をめぐる議論を整理し、子どもの権利をめぐる今日の状況について概説する。1994年の子どもの権利条約の批准以降、憲法学に

おいても、子どもの自己決定権などをめぐる議論が蓄積されてきた。それは、生徒の髪型や運転免許の取得と校則とが対峙した際、子どもの自己決定権がどこまで保障されるのかといった問題として争われてきている。判例上、こうした意味での子どもの自己決定権は当該の学校が掲げる教育目的の前に譲歩しなければならないとする点では一貫しているが、こうした法理の背景には、子どもが発達、成長しながら人格を形成することを捉えた子どもの権利（「育つ権利」「参加する権利」）の理解の相違を指摘することができるように思う。そこで、ここではその点についての問題を提起する。

　2では、戦後の日本において、子どもの「育つ権利」、「参加する権利」をいかに保障してきたのか、憲法、教育基本法に規定された教育を受ける権利の保障について考察する。とりわけ、ここでは、1960年代後半以降に提唱され、その後、学説・判例上も定着した学習権の概念を取り上げつつ、子どもの人権が子どもの権利条約の批准に前後してどのような展開を見たのかを検討する。後述するように、日本の最高裁が判決において子どもの権利条約に言及したのは2008年の国籍法違憲訴訟が初めてであり[2]、判例上、子どもの権利条約の規範性への言及がこれまで十分になされてきたとは言い難い（斎藤、2014、49-54）。しかし、この間の判例の展開を振り返る限り、子どもの権利は、子どもの権利条約を介して国際人権法上の観点からもより踏み込んで保障されるようになってきている。

　本章では、この背景、すなわち、子どもの権利の保障の概念の変化の背景として、子どもの学習権の観点から、次の2つの点を指摘する。1つは教育の機会均等の観点である。これは子どもの「育つ権利」に関係するものであり、戦後の憲法・教育基本法体制において、学習権が教育の機会均等との関係でどのように保障されてきたのかを検討する。2つめは、教育内容決定権をめぐる論争として知られる公教育の担い手に関する論点である。国家の教育権対国民の教育権の構図で知られるこの論争は、戦後の日本で、公教育に国家はどこまで関わるべきなのか、国家による教育内容決定権を是認する「国家の教育権」の対抗概念として「国民の教育権」説が提唱された論争である。それは、後述する1976年の旭川学力テスト事件最高裁判決が採用した折衷説によって一応の決着を見るまで、学習権の概念をめぐり論争が続いた。この最高裁判決以降、公

教育の担い手に関する理論は膠着状況に陥るものの、2000年代に入ると、かつての国民の教育権説で掲げられた親や教師、子どもを一体的に「国民」として捉えるその理論的脆弱性に対する批判が再燃し[3]、再びこの議論は学界の主要な論点として捉えられるようになった。教育の担い手を国だけではなく、保護者や教師、地域などと多層的に想定したこの国民の教育権理論は、今日の保育ソーシャルワークの概念に通底する議論のように思える。これは子どもの「参加する権利」に関係するものといえ、この議論を振り返ることとしたい。以上の論点を踏まえたうえで、2006年の改正教育基本法の制定によって、学習権の理論にはどのような進展が見られたのかについて言及する。これは、すなわち、幼児期の教育の重要性について指摘した第11条の新設の意義についての考察である。

そのうえで、3では、2までの議論を踏まえ、日本で保育ソーシャルワークの議論が提起された背景と、それを通じた子どもの権利の保障の意義についての考察をまとめる。ここでの考察は、子どもの権利を保障するには、とりわけ幼児期の学習権の保障と教育の機会均等の実現が重要であり、そのためには、保育・幼児教育を国や行政だけではなく、保護者や保育者、地域が一体となって担う必要があり、保育ソーシャルワークの概念はそれらを架橋する一翼を担いうるものとして見立てる。こうした考察の見通しは、子どもの権利を擁護し、保障するためには、保育ソーシャルワークの概念が必要であるという見立てにもとづくものであり、その切り口として、子どもの権利条約、戦後の憲法・教育基本法体制における教育を受ける権利の保障、教育の機会均等といった観点から構成するものである。本章での検討を通じて、保育ソーシャルワークを通じた子どもの権利、とりわけ学習権の保障の展望を示す考察となることを目指したい。

なお、本章では、この条約を「子どもの権利条約」と表記する。これは、日本政府が訳出する「児童の権利条約」と同じ条約を意味するものである。この条約の第1条では、子どもの定義は「18歳未満のすべての者」とされており、学校教育法上規定されている「児童」の概念と区別するための便宜的な表記（訳出の違い）である。

1 ║ 日本国憲法における子どもの権利の保障

（1）子どもの人権享有主体性

　日本国憲法において基本的人権に関する総則的な規定である第11条は、「国民は、すべての基本的人権の享有を妨げられない」とし、それが「現在及び将来の国民に与へられる」旨を規定している。憲法学者の宮澤俊義は、「人権の主体としての人間たるの資格が、その年齢に無関係であるべきことは、いうまでもない」（宮澤、1974、75、241）として、憲法学における子どもの人権享有主体性を肯定する議論に先鞭をつけた。また、「人権の性質によっては、一応その社会の成員として成熟した人間を眼中に置き、それに至らない人間に対しては、多かれ少なかれ特例をみとめることが、ことの性質上、是認される場合もある」としてその制約の根拠をパターナリズムに求めた（同、246）。判例も、当時中学生であった原告が、自らの内申書の記載内容をめぐって争われた麹町中学内申書事件最高裁判決において、子どもの人権享有主体性を肯定しており、子どもも当然に日本国憲法が保障する人権享有の主体であることに争いはない[4]。

　他方、憲法の条文上、明文で子どもの人権が制限されているのは第15条第3項の公務員の選挙権規定に関して、「成年者による普通選挙を保障する」としている項目のみであり、婚姻や飲酒、喫煙などの子どもの権利の制限については一定の年齢に達するまで個別の法律によって制限されている（永井、2000、71-74）。

　憲法学及び判例においてこのように確認された子どもの人権享有主体性は、1960年代起こった「青少年保護育成条例」の制定に関する議論の中で「子どもの人権」という新たな論点が憲法学上確立されて行く[5]。表現の自由や知る権利をめぐって争われたこの条例の制定に関する議論の中で、なぜ子どもの人権が制約されるのか、そして、その論拠についての議論が蓄積される。ここで、子どもが大人と異なる人権保障上の制約を受ける論拠とされたのは、人権一般の制約の根拠が他者との権利の調整であるのに対し（公共の福祉にもとづく内在的制約）、子どもの人権が制約されるのは子どもに「心身の未成熟さ」や「判断能力の欠如」といった発達上の課題を認め、そこからパターナリスティックな制

約として子どもの人権に制約を課すという学説を形成することとなる（北川、1996、2-3）。

　こうした子どもの人権に対してのパターナリスティックな制約については、憲法学において、未成年者の成長と発達を図るための必要最小限度の制約でなければならず、個々の子どもの発達段階が異なることに留意しつつ、子どもを保護する立場にある親権者の権利との調整を図る必要があるものとされている（野中他、2012、220-221）。また、子どもの人権が制約される根拠は、前述したパタナーナズムの観点に求められ（佐藤、2011、135）、これは、独立した能力の未熟な子どもに対して親が干渉して面倒をみるといったように子どもの行動に対して国家が干渉することを意味し、憲法学における子どもの人権の制約根拠として通説的な同意を得てきた。

（2）子どもの人権に関する論点と教育裁判の対立構造の変容

　憲法学者の北川善英は、日本における子どもの人権に関する議論の推移について、1980年代に入って生じた教育裁判の対立構造の変容が子どもの人権に関する論点の転機となったと指摘する（北川、1996、3-4）。すなわち、1970年代までの論点は、学力テストや教科書検定などが争われた戦後の日本の教育裁判で、その対立構造が「子ども及び教師」と「国及び地方公共団体」といった関係で対立構造が設定されていたのに対し、1980年代に入ると、例えば、障害を理由とする不合格処分の適法性が争われた尼崎高校事件（神戸地裁1992年3月13日判決、判例時報第1414号26頁）や宗教的理由にもとづく授業の欠席権をめぐって争われた日曜日参観訴訟（東京地裁1986年3月20日判決、判例時報第1185号69頁）など、当初は予定調和的関係にあった「子ども」と「学校」とのあいだに対立構造が生じるという変化がもたらされるようになったのである。子どもの人権が、問題となる場面に加え、問題となる対立構造という観点からも変容し、子どもの人権は、教師集団や親権者と必ずしも予定調和的関係に立つものではなく、子どもを個人として捉える見解が定着した時期と見ることができる。

　こうした1980年代以降の教育裁判における対立構造の変化は、子どもの学習権保障の担い手が国家なのか国民なのかという教育権論争の論点とも重なり[6]、子どもの人権が制約される根拠が子どもの教育を受ける権利の保障のありよう

とともに問い直されることとなった。

(3) 子どもの人権の制約根拠をめぐる問題

併せて、1980年代以降の子どもの人権をめぐる教育裁判においては、子どもの人権としての自己決定権をめぐる問題も憲法学上の論点として注目されるようになった。自己決定権とは、個人のライフスタイルに関する私的な事項について、公権力の干渉を受けずに自己で決定することのできる権利のことであり、憲法の個別の条文に掲げられている自由権については当該個別の条文において保障される一方、自らの生命や死に関すること、出産に関わること、服装や髪型などに関することなど、憲法の個別の条文に列挙されていない新しい人権としての自己決定権が、包括的人権規定である憲法第13条によって保障されるものと解されることとなる[7]。

過去の裁判において問題となった自己決定権とは、特に、服装や髪形、結婚や離婚といったライフスタイルに関する自己決定権の他、治療拒否や安楽死といった生死に関わる自己決定もこれまでに問題とされてきた事柄である。成人の自己決定権に比べ、未成年者の自己決定権については、主に学校における校則との関係で問題とされてきた。例えば、パーマを禁止する校則を定めている高校において、パーマをかけたこと等を理由として自主退学を勧告された事案において、最高裁判所は、生徒と私立学校との在学契約に憲法を直接適用することはできないという私人間効力の問題を指摘したうえで、パーマを禁止した校則は社会通念上不合理とはいえないとして、生徒を事実上の退学処分とした学校側の決定を容認した[8]。判例上、これまでに、校則と子どもの自己決定権との対立が争われた場面において、子どもの自己決定権が校則に優位するとした判断は稀有であり（橋本、2013、60-63）、当該私立学校との在学契約や教育目的を掲げた校則の優位性が一貫して認められてきた。子どもの自己決定権がなぜ制約を受けるのかは、ここでは学校における教育目的との利益衡量によって判断されることとなり、人権制約の明確な理論的根拠が形成されるには至っていない。

2 ┃ 子どもの権利を保障する日本の現行法体系

（1）戦後の日本における子どもの権利の保障

　1947年に制定された教育基本法は、日本国憲法の教育条項を具体化する法律として制定され、その制定過程から、準憲法的性格を有するものと評されてきた（永井、2000、35-50）。日本国憲法の第26条で保障された教育を受ける権利は、子どもが人格を形成し、将来の民主国家における主権者として有意義な生活を送るための基本的人権を保障するものであり、憲法学においては精神的自由権としての側面を有する。他方、近代以降、教育を受ける権利は、国家によって組織化された公教育を介して保障されるものとなり、その意味において、国家に対して適切な教育の場の提供を要求する社会権的な側面も併せ持つ複合的な権利として位置づけられてきた（中村、1983、130-131）。

　この教育を受ける権利を、1960年代後半以降は、学習権として捉える見解が定着するようになる。すなわち、教育を受ける権利は、単に適切な教育の提供の場を要求しうる権利なのではなく、子どもが成長して能力を開花させるために必要な学習の条件を要求する権利として捉えられるようになったのである。この点は、最高裁判所も、戦後の教育裁判で争われた幾多の論点に関する判断を示した旭川学力テスト事件判決において、憲法第26条の教育を受ける権利は「国民各自が、一個の人間として、また、一市民として、成長、発達し、自己の人格を完成、実現するために必要な学習をする固有の権利を有する」ものとの判断を示している（最高裁大法廷1976年5月21日旭川学力テスト事件判決）。

　そして、学習権の理論もまた、戦後の日本の教育裁判における対立構造の中でその質的変容を遂げてきたものと見ることができる。教育内容決定権を有するのは国家か、あるいは、親や子ども、教師を一体的に捉えた「国民」なのかが争われた1970年代までの教育内容決定権の所在をめぐる教育裁判において、最高裁は、親や教師、子ども自身にも一定の教育内容への関与を認めつつ、原則としてその所在を国家に認める折衷説の立場を示した（上記旭川学力テスト事件最高裁判決）。この判決により、憲法、教育法学における教育権論争には一応の決着が図られたものと見ることができる（内野、1994、21-26）。

しかしながら、教育権の所在に関する議論もまた、先述したように、「国家」に対して親や子ども、教師を一体的に捉えた「国民」という当初の概念では説明しきれない問題を次第に包摂するようになり、教育を担う主体をどのように解すべきかが改めて問われることとなった。

(2) 子どもの権利条約と1990年代以降の子どもの権利をめぐる議論

日本は1994年に子どもの権利条約を批准した。先述のとおり、最高裁が直接子どもの権利条約に言及したのは、2008年に下された国籍法違憲判決が初めてであるが、この条約の批准によって、教育裁判をはじめとする子ども人権保障には一定の進展も見られるようになっている。

① 子どもの宗教的自由をめぐる権利の尊重

子どもの宗教的自由をめぐっては、先述した日曜日参観訴訟では、1986年当時、子どもの宗教的理由による欠席権を東京地方裁判所は否定している。ここで欠席権が否定されたのは、この事件で問題となる欠席処分が、児童らの権利義務に直接法律上の影響を及ぼすことのない「事実行為」であり、行政事件訴訟法第3条第2項の「処分」性を満たさないという手続き的な背景によるものであるが、同じく宗教的理由によって当該学校の必修科目の一部となっていた剣道実技の拒否が認められるかが争われた神戸高専剣道実技拒否事件において、最高裁判所は、剣道実技は当該学校の教育課程に必須のものとはいえず、それを拒否したことにもとづいて下した退学処分は学校長の裁量権の逸脱であるとして処分の取り消しを認めた（最高裁判所第3小法廷1996年3月8日判決、最高裁判所民事判例集第50巻第3号469頁）。後者の最高裁判決では、必ずしも明確に子どもの権利条約について言及し、学生の信教の自由の保障を認めているわけではないが、日本同様に政教分離原則を採用し、同種の訴訟が先行していたフランスにおける判例の展開においても、1980年代には宗教的理由による学校の欠席権を否定していたものの、イスラム教徒の宗教的標章としてのスカーフの着用が政教分離原則を意味するライシテ（laïcité）の原則に反しないかが争われた1990年代の訴訟において、行政最高裁判所であるコンセイユ・デタ（Conseil d'État）は、1992年11月2日の判決において、学校でスカーフの着用を禁止した校則およびその校則違反を理由とする退学処分を違法とする判断を下し、生徒の宗教的標

章着用が保護されるべきとの判断を示す[11]など、子どもの宗教的自由への寛容さが認められるようになり、子どもの学校における宗教的自由の表明及びその権利の保障をめぐっては、子どもの権利条約の批准・普及に伴い、日仏両国で判例にも変化が認められるようになった。[12]

② 非嫡出子の相続分差別による問題

　子どもの権利条約にもとづく非嫡出子の相続分の取り扱いの差異が解消された点も重要である。すなわち、子どもの権利条約において禁止された「出生による差別」（第2条第1項）の解消に向けた動きであり、民法第900条第4号ただし書きでは、非嫡出子が遺産相続する場合の法定相続分は嫡出子に対して2分の1とされていた規定に対し、最高裁判所はこの規定を憲法第14条等の平等原則に反するものと判断し、民法第900条第4号ただし書きを無効とする判断を下した（最高裁大法廷2013年9月4日決定、最高裁判所民事判例集第67巻第6号1320頁）。この結果、同年12月にはこの規定を撤廃した改正民法が公布、施行されることとなった。

（3）改正教育基本法制定以降の状況

　子どもの権利条約批准から20年余りが経ち、関係する国内法や制度の整備には課題も残されているものの（荒牧他、2014、6-25）、判例上にはその効果を一定程度確認することができる。このことは、子どもの人権保障の担い手が国家だけではなく、国際人権保障の観点からもなされるようになったという点で、1つの分水嶺を画する転機と見ることができる。子どもの権利条約批准以降も、教育権論争は、旭川学力テスト事件の1976年の最高裁判決以降、依然として「国家」と国家以外の総体を意味する「国民」概念の折衷理論からの進展は停滞した。加えて、2000年代に入ると、かつての教育権論争における「国民」概念に対する理論的脆弱性と、1970年代当時の一部の教師集団が帯びた権威性への批判も再燃することとなった。[13]

　本章のこの論点に関連する限りでこの点に関する転換点となったのは、2006年に制定された改正教育基本法である。この法改正によってはいくつかの大きな改正がなされたものの、本章に関連しては、とりわけ第11条の「幼児期の教育」及び第13条の「学校、家庭及び地域住民等の相互の連携協力」の条文が新

設された点に注目しなければならない。

〇教育基本法
（幼児期の教育）
第十一条　幼児期の教育は、生涯にわたる人格形成の基礎を培う重要なものであることにかんがみ、国及び地方公共団体は、幼児の健やかな成長に資する良好な環境の整備その他適当な方法によって、その振興に努めなければならない。（学校、家庭及び地域住民等の相互の連携協力）
第十三条　学校、家庭及び地域住民その他の関係者は、教育におけるそれぞれの役割と責任を自覚するとともに、相互の連携及び協力に努めるものとする。

　すなわち、改正教育基本法においては、幼児期の教育の重要性が盛り込まれたこと、そして、教育を担う主体として、学校、家庭、地域住民等との連携協力が規定されたことの２点が重要である。前者に関しては、子どもの学習権を保障するため、とりわけ幼児期の教育の重要性が確認された規定であるが、次節で述べるように、そのことは同時に教育の機会均等を図る観点からも要請される事柄であるといえる。また、教育の担い手として、かつての教育権論争においては「国家」と「国民」という概念に分類されていた学校、家庭、地域住民というそれぞれの主体が相互に連携協力して教育における各々の役割を果たすべきことが規定されたことは、教育を受ける権利を保障する担い手が、単に「国家」や「国民」といった二項対立的な分類では区分仕切れないものであることを明記した点でも重要なものであったと見ることができる。

3　子どもの権利擁護と保育ソーシャルワーク

（１）子どもの権利擁護をめぐる体制の整備

　2015年に公表された厚生労働省社会保障審議会児童部会「児童虐待防止対策のあり方に関する専門委員会」報告書においては、「子どもや家庭を取り巻く環境は、その時々の社会状況に大きく影響を受けるものであるが、本来、生まれ育った環境によって左右されることなく、全ての子どもは適切な養育を受け

て発達が保障される権利を有するとともに、その自立が保障されるべきである」と明記された。こうした児童福祉政策の基本理念は、子どもの権利保障を謳う国際人権法上の要請にも適うものといえる。

さらに、2016年には児童福祉法が改正され、その第1条では「心身の健やかな成長及び発達並びにその自立が図られることその他の福祉を等しく保障される権利を有する」ことが明記され、第2条において「児童の年齢及び発達の程度に応じて、その意見が尊重され、その最善の利益が優先して考慮され」る必要があることなどが謳われた。かくして、児童福祉法に子どもの権利条約の理念が盛り込まれたことは子どもの権利の擁護の観点からも大きな前進といえるだろう。

他方、2016年3月10日付で公表された「新たな子ども家庭福祉のあり方に関する専門委員会」報告（提言）においては、「自分から声をあげられない子どもの権利が確かに保障されているかを監視するためには、第三者性を有する機関の設置」が必要であることが謳われ、子どもの権利擁護に関する仕組みを構築するべく、各自治体レベルで子どもの権利を擁護する公的な第三者機関を設置する必要があるものとされた。その具体策として、上記児童福祉法の改正において、都道府県児童福祉審議会が子どもの権利擁護機能を担うこととなったが、子どもの権利擁護を公的な第三者機関の設置によって保障することについては、当該の機関を構成する委員の人選や中立性の確保、そしてその実効性をめぐり制度整備の途上にある。

それゆえ、子どもの権利を擁護する観点からは、公的な第三者機関の整備とともに、既存の社会資源を活用した方策が併せて検討されなければならない。

（2）保育ソーシャルワーク提唱の法的背景

改正教育基本法によって、幼児期の教育の重要性が規定されたことは、日本国憲法に掲げられた教育を受ける権利の保障に際して、次の2点の意義を有している。

第1に、日本では、1960年代後半以降、この教育を受ける権利を学習権のとして捉える見解が定着するようになった（橋本、2018、12-14）。これは、教育を受ける権利とは、単に適切な教育の提供の場を要求しうる権利なのではなく、

子どもが成長して能力を開花させるために必要な学習の条件を要求する権利として捉えるものであり、前出の旭川学力テスト事件判決においてもこの概念が採用されている。そして、教育を受ける権利を個人の発達と学習の観点から学習権として捉え直すのであれば、その保障は、人格形成の基礎を培う幼児期にこそより手厚くその保障がなされなければならず、その意味において、幼児期における学習権保障の重要性が改めて問い直されねばならない。

同時に、第2には、幼児期の教育の重要性は、教育の機会均等を保障した教育基本法第4条第1項の観点からもその重要性が認識される必要がある。この条項は、日本国憲法第14条に列挙されている差別禁止事由に、経済的地位による差別の禁止が加えられた条項であるが、経済的事情によって子どもが教育を受ける機会を逸することは避けなければならず、その観点からも、義務教育である小学校就学前の幼児期における保育・幼児教育の一定の均質性が確保・保障されなければならない。

こうした中、2000年代以降、保育ソーシャルワークの必要性が提唱されるようになった。保育ソーシャルワークとは、教育学者の伊藤良高が「子どもと保護者の幸福のトータルな保障に向けて、そのフィールドとなる保育実践及び保護者支援・子育て支援にソーシャルワークの知識と技術・技能を応用しようとするもの」（伊藤、2011、19）と定義するように、保育者をその担い手として、様々な困難を抱える子どもや保護者に対して支援を行うことと定義することができる。

幼児期における学習権保障のためには、子どもそれぞれの発達段階に応じた保育・幼児教育の保障が必要不可欠であり、それぞれの子どもが置かれた環境の均質化を図るべく、保育ソーシャルワークの機能がその補完を果たすことが期待されることとなる。

（3）子どもの権利の保障と保育ソーシャルワーク

本章で見てきた子どもの権利の保障、とりわけ教育を受ける権利の保障にあたっては、戦後の日本における憲法、教育基本法体制において、2つの大きな転換点を経てきたといえる。

1つは、冒頭に述べたように、子どもの権利条約の批准である。批准後20年

を経た今日、教育の領域に限らず、児童福祉の領域、司法領域、医療・保健領域など、子どもの権利条約の理念を十全に国内法及び制度に実現できるとは言い難いと評されていることも事実である一方、教育裁判の展開においては、その進展が判例に一定の影響を及ぼしていることは前述したとおりである。こうした国際人権保障の観点から、子どもの人権が提起されていることを看過することができない。

　他方、2つめには、子どもの教育を受ける権利の保障の担い手に関する理論的枠組みの進化を挙げることができるものと思う。その内容としてはさらに2つの側面に分類することができる。1つめの側面は学習権という理念の定着している今日、とりわけ改正教育基本法の制定以降は、幼児期における学習権の保障が課題となり、保育・幼児教育の重要性が改めて問われていることである。つまり、教育を受ける権利の保障のためには、義務教育となる小学校入学前の保育・幼児教育においてもそれをひとしく受ける権利を十分保障できていなければ、教育の機会均等が果たせているとはいえず、その重要性が改めて認識されなければならない。保育・幼児教育における子どもの環境の整備が必要であり、そのために保育ソーシャルワークがその一翼を担うものとして位置づけられるであろう。また、2つめの側面とは、かつて「国家の教育権」対「国民の教育権」論争で対峙してきた教育の担い手に関する議論について、学校や家庭、地域との連携の理念が教育基本法に明記されたことである。旭川学力テスト事件判決以降、教育権論争で提唱された二項対立的な「国民」概念を再構築し、社会資源の連携によって、教育・保育を受ける権利を保障する枠組みの必要性を説くものと見ることができる。

おわりに

　教育を受ける権利の保障は、子どもの人権保障の中でも極めて重要な位置を占めるものといえる。子どもは、成長、発達し、その潜在的な能力を開花させながら人格を形成していく存在であり、将来の民主国家の主権者となるべく人格形成を培う機能を果たすものであり、それを受ける権利を保障することが、ひいては子どもの人権を保障する基盤となるものだからである。

しかしながら、戦後の日本の教育を受ける権利をめぐる議論では、当時の政治的状況も相まって、国家の公教育への関わりを正す二項対立的な論争に焦点が当てられ、教育を受ける権利を保障する主体に関する理論は、旭川学力テスト事件判決以降、必ずしも十分な理論的深まりが見られなかったことも事実といわなければならない。

　子どもの権利、とりわけ教育を受ける権利の保障に際しては幼児期の教育の重要性が広く認識されるようになった今日、その機会均等を図る観点からも保育ソーシャルワークの機能に寄せられる期待は少なくない。そうした子どもの人権を擁護し、保障する観点からも、保育ソーシャルワークの理論の進化と実現が待たれている。

注
1）unicef（ユニセフ）のホームページにおける子どもの権利条約に関する解説（http://www.unicef.or.jp/about_unicef/about_rig.html、2017年9月25日最終確認）。
2）最高裁大法廷2008年6月4日決定、『最高裁判所民事判例集』第62巻第6号1367頁。
3）この点を2000年代初頭に指摘したものとして、戸波江二「国民教育権論の現況と展望」『日本教育法学会年報』第30号（2001年）pp. 36-45等参照。戸波の「国民の教育権説の停滞」という問題提起に対する質疑応答にここでの論点が重なる（同書 pp. 61-73）。
4）最高裁判所第2小法廷1988年7月15日判決、『判例時報』第1287号65頁。
5）1960年代には、各自治体において青少年保護育成あるいは健全育成条例が制定された。先駆けとなったのは1948年及び1949年にかけて茨城県と栃木県の市町村で制定された「不良化防止条例」である。さらに、1950年に岡山県において全国初の青少年保護育成条例が制定され、1955年には婦人団体を中心とした悪書追放運動が全国各地で起こった。この運動によって各地方自治体で青少年保護育成条例の制定が相次いだ（奥平康弘「青少年保護条例の沿革」同編著『青少年保護条例・公安条例』（学陽書房、1981年）pp. 19-21参照）。最高裁判所は、岐阜県青少年保護育成条例事件判決（最高裁判所第3小法廷1988年9月19日、最高裁判所刑事判例集第43巻第8号785頁）で「有害図書が…青少年の性に関する価値観に悪い影響を及ぼし、性的な逸脱行為や残虐な行為を容認する風潮の助長につながるものであって、青少年の健全な育成に有害であることは、既に社会共通の認識になっている」と指摘し、有害図書を規制する必要性を認めた。しかし、憲法学者の市川正人は、この判決について「有害図書の弊害が『社会共通の認識』であるというだけでは全く不十分であり、有害図書が青少年の健全育成に有害であることが、事実をもって科学的に証明されている必要があった」と批判する（市川正人『基本講義憲法』新世社、2014年、pp. 147-148）。
6）国家に対して、子どもと親、教師の一体的に「国民」と捉えたうえでその対立構造を前提としたそれまでの教育法関係に対し、当該「国民」内においても親の権利が子ども

の人権と衝突する可能性があることについて、教育学者の今橋盛勝は、それが「第二に教育法関係」を構成するものだと説明する（今橋盛勝「子どもの人権をめぐる状況・理論・裁判──「子どもの人権」研究会の意味と課題（子どもの人権の保障と救済〈特集〉）」『法律時報』第59巻第10号、1987年、pp. 23-28参照）。

7）日本国憲法第13条に規定されている幸福追求権を包括的人権規定として解釈することが可能かという論点について、最高裁は、京都府学連事件判決で、みだりに容貌等を撮影しない肖像権が憲法第13条を根拠に認められるとの判決を示した（1969年12月24日最高裁大法廷判決、最高裁判所刑事判例集第23巻第12号1625頁）。このことは、この幸福追求権が、日本国憲法の条文に挙げられていない新しい人権を保障する根拠となりうるとの判断を示したものであり、以降、この条文は他の権利を包括的に保障する権利として「包括的人権規定」と呼ばれている。

8）私立高校の生徒だった原告は、校則で原則として禁止されていた車の運転免許を無断で取得し、その罰としての早朝登校期間が命じられた。この期間中に、同校の校則に違反されているパーマをかけたため、高校は原告に自主退学を勧告し、原告は退学願を提出したものの、この勧告が違法かつ無効であるとして提訴した。一審、二審はともにパーマ禁止および運転免許取得制限のいずれについても校則制定の必要性を否定できず、また、この生徒が入学の際に校則の存在を認識していたはずであることから、校則は髪型決定の自由および運転免許取得の自由を不当に制限するものとはいえず無効ということはできないとして、原告の請求を退け、最高裁も、原審の判断を是認し上告を棄却した（パーマ禁止校則事件（最高裁第1小法廷1996年7月18日判決、『判例時報』第1599号53頁））。

9）憲法学者の有倉遼吉はその立法過程から、1947年教育基本法が「準憲法的性格」を有するものと評した（有倉遼吉「教育基本法制の準憲法的性格」『教育と法律』新評論、1961年）。

10）最高裁第1小法廷1964年10月29日判決、『最高裁判所民事判例集』第18巻第8号1809頁。この判決に関連しては、アメリカ連邦最高裁判例において、解放時間計画に基づいて校外での選択的宗教教育を合憲と判断したゾウラック対クローズン事件（Zorach v. Clauson, 343, 1952, US. 306, pp. 317-318）が引き合いに出される。

11）C. E., 2 novembre 1992, M. Kherouaa et al., J. C. P. 1993, II, 21998, p. 61.

12）もっとも、フランスでは、2004年に公立学校において宗教的標章の着用を禁止する法律が制定され、立法の決着が図られた。この法律自体は国内法的にも国際法的にも有効なものといえるが、法律の趣旨については国際人権法の観点から厳しい批判にさらされている（この点については、橋本一雄「フランス公教育におけるライシテの現代的意義とその特質」『上田女子短期大学児童文化研究所報』第32号、2011年、pp. 11-30参照）。

13）例えば、西原博史「愛国主義教育体制における『教師の自由』と教育内容の中立性」日本教育法学会年報第32号『教育法制の変動と教育法学』有斐閣、2003年、pp. 105-114等を参照。当時の一部の教師集団が帯びていた権威性を実体験から指摘した文献としては、原武史『滝山コミューン一九七四』講談社、2010年を併せて参照されたい。

14）それぞれの領域の分析については、堀井雅道「子どもの権利条約20年の成果と課題『教育領域』」『季刊教育法』第183号、pp. 36-42、加藤悦雄「子どもの権利条約20年の

成果と課題『児童福祉領域』」同、pp. 43-48、斎藤一久「子どもの権利条約20年の成果と課題『法律・裁判領域』」同、pp. 49-54等参照。

引用・参考文献

荒牧重人・喜多明人・森田明美・佐々木光明（2014）「座談会 子どもの権利条約の20年を語る」『季刊教育法』第183号。
伊藤良高・永野典詞・中谷彪編（2011）『保育ソーシャルワークのフロンティア』晃洋書房。
内野正幸（1994）『教育の権利と自由』有斐閣。
北川善英（1996）「子どもの人権と『子どもの最善の利益』（子どもの権利条約）2」『横浜国立大学教育学部紀要』第36号。
斎藤一久（2014）「子どもの権利条約20年の成果と課題『法律・裁判領域』」『季刊教育法』第183号。
佐藤幸治（2011）『日本国憲法論』成文堂。
永井憲一（2000）『教育法学の原理と体系 教育人権保障の法制研究』日本評論社。
中村睦男（1983）『社会権の解釈』有斐閣。
野中俊彦・中村睦男・高橋和之・高見勝利（2012）『憲法Ⅰ（第5版）』有斐閣。
橋本一雄（2013）「生徒指導に関する法制度」伊藤良高・中谷彪・永野典詞・大津尚志・冨田晴生編『新版 生徒指導のフロンティア』晃洋書房。
橋本一雄（2018）「憲法、教育基本法と子どもの人権」伊藤良高・宮﨑由紀子・香﨑智郁代・橋本一雄編『保育・幼児教育のフロンティア』晃洋書房。
宮澤俊義（1974）『憲法Ⅱ（新版）』有斐閣。

第2章
保育制度・経営論としての保育ソーシャルワーク

1 はじめに

　近年、保育所・幼稚園・認定こども園等保育・幼児教育制度（以下「保育制度」という）及びそれらの経営をはじめとする保育・幼児教育経営（以下「保育経営」という）の改革をめぐる動向が頗るめまぐるしい。最近の主なものとして、国レベルにあっては、以下の3つの政策文書または制定法令を挙げることができよう。すなわち、1つには、2009年2月に出された厚生労働省・社会保障審議会少子化対策特別部会「第1次報告——次世代育成支援のための新たな制度体系の設計に向けて——」（以下「第1次報告」という）である。2つには、2012年3月に、少子化社会対策会議（会長・内閣総理大臣）で決定された「子ども・子育て新システムに関する基本制度」（以下「基本制度」という）である。そして、3つには、2012年8月に制定公布された「子ども・子育て支援法」を中心とする「子ども・子育て関連3法」である。これらは、それぞれの位置付けや内容、特徴に違いは見られるものの、いずれも、保育制度・保育経営に係る規制緩和・改革を基軸とする新自由主義・市場主義政策を一層推進しようと企図している点で共通している。

　本章は、こうした保育制度・保育経営をめぐる政策的・法的状況を踏まえながら、保育ソーシャルワークの視点から、保育制度・保育経営に関する理論と問題について考察することを目的としている。この課題に応えるために、構成と内容は、以下のようになる。まず初めに、近年における保育制度・経営改革の動向と問題点について整理、叙述する。次に、保育ソーシャルワークの視点から、保育制度及保育経営についての理論と問題について検討する。そして最後に、保育制度・経営論としての保育ソーシャルワークをめぐる当面の課題

について指摘しておきたい。

1 ｜保育制度・経営改革の動向と問題点

（1）保育制度・経営改革の動向

　近年、「子ども支援」及び「子育て支援」の総合的・統合的ワードとしての「子ども・子育て支援」の必要性と重要性が指摘されている。このワードが、政策的レベルにおいて初めて用いられたのは、2010年1月、少子化社会対策基本法（2003年7月）第7条の規定に基づく「大綱」として策定された「子ども・子育てビジョン――子どもの笑顔があふれる社会のために――」であった（伊藤、2017、1）。すなわち、同ビジョンのなかで、子どもと子育てを応援する社会の構築に向け、「子どもが主人公（チルドレン・ファースト）」、「『少子化対策』から『子ども・子育て支援』へ」、「生活と仕事と子育ての調和」という3つのスローガンが提起されたことが、その端緒となった。そこでは、子どもと子育てを応援することは、「未来への投資」であると記され、めざすべき社会への12の主要施策の1つとして、「誰もが希望する幼児教育と保育サービスを受けられるように」というテーマの下、「待機児童の解消」、「多様な保育サービスの提供」、「幼児教育と保育の質の向上」、「幼保一体化を含む新たな次世代育成支援のための包括的・一元的な制度の構築」などが具体的施策として提示された。併せて、政府内に、厚生労働省・文部科学省・内閣府などの関係閣僚から成る「子ども・子育て新システム検討会議」が設置され、その後（同年9月）、新たに設置された3つの「ワーキングチーム」とともに、幼保一体化を含む「子ども・子育て新システム」（以下「新システム」という）の具体的な制度設計についての検討を始めた。

　2012年3月30日、政府は、「第1次報告」の骨子（市町村の保育実施義務解除や利用者と保育所との直接契約制の導入等現行保育制度の抜本的改革）を継承しつつ、「幼稚園・保育所の一体化」、「多様な保育サービスの実現」などをめざす「子ども・子育て新システム」を構想した「基本制度」等に基づき、「子ども・子育て支援法案」、「総合こども園法案」及び「子ども・子育て支援法及び総合こども園法の施行に伴う関係法律の整備に関する法律案」を閣議決定するとともに、

第180回通常国会に提出した。これらの法律案は、保育所・幼稚園関係団体をはじめとする国民的な反対運動を受けて、「総合こども園法案」の撤回と認定こども園法案等の一部改正など、大幅な修正を余儀なくされることになった。これ以降、「新システム」という言葉は用いられなくなったものの、その本質はほとんど変わらずに残されたまま、2014年4月に消費税率を8％に、2015年10月に同10％に段階的に引き上げるとする消費税法改正関連法案とともに、「子ども・子育て支援法案」など子ども・子育て関連3法案は、2012年6月26日に衆議院、8月10日に参議院を通過し、可決された。

　成立した「子ども・子育て支援法」、「就学前の子どもに関する教育、保育等の総合的な提供の推進に関する法律の一部を改正する法律」及び「子ども・子育て支援法及び就学前の子どもに関する教育、保育等の総合的な提供の推進に関する法律の一部を改正する法律の施行に伴う関係法律の整備等に関する法律」は一般に、「子ども・子育て関連3法」（2014年8月22日公布。以下「関連3法」という）と総称されているが、保育施設経営者や保育・幼児教育行政担当者も含め「最も影響を受ける保護者や保育者が理解することは容易ではない」（伊藤周、2012、7）と評されるほど、きわめて複雑かつ難解であり、相当に問題の多い内容になっている。

　関連3法の本質を正しく理解するためには、その先史ないし前段階となる1990年代前半からの厚生省／厚生労働省による保育所制度改革案及び1990年代中頃以降の文部省／文部科学省による幼稚園制度改革案、並びにそれらと直接的または間接的に結びついて定期された他の省庁、政府関係会議等による多様な幼稚園制度・保育所制度の一体化改革案にまで遡っておかなければならない。それらは、政策的には、保育所入所制度の選択利用方式への転換や保育所設置・運営主体の多元化、預かり保育等幼稚園における保育サービスの充実、幼稚園における2歳児入園の広がりなどをもたらしたが、「民営化」と「規制緩和」をキーワードに、既存の保育制度・経営を「改革」し、社会保障費・教育費の公的支出の増大を抑制しつつ、保育制度・経営の「商品化」と「市場化」を志向するものであった。すなわち、国及び地方公共団体（自治体）の公的責任性の曖昧化と縮減・後退をもたらし、保育制度・経営全体を新たな多元的システムに切り換え、公設公営など公的制度はできる限り縮小して様々な制度を

準備し、全体として、民間活力を拡大・強化しようとするものとなっているのである（伊藤、2013、92）。2015年4月に全面施行された「関連3法」に基づく「子ども・子育て支援新制度」（以下「新制度」という）についても、この間の政権交代（2009年9月16日に民主党政権が誕生。2012年12月26日には一転して自民党が政権奪還）という情勢にはまったく関わりなく、従前からの保育制度・経営に係る規制緩和・改革を軸とする新自由主義・市場主義政策を推進していくことになるであろう。

（2）保育制度・経営改革の問題点

関連3法の主なポイントを列挙すれば、①子ども・子育てに関する市町村の役割・責務を明確にし、すべての子どもの健やかな育ちを重層的に保障、②子どものための教育・保育給付として、認定こども園・幼稚園・保育所を通じた共通の給付（施設型給付）及び小規模保育等への給付（地域型保育給付）を設立、③市町村及び都道府県に対し、国の基本方針に即した、5年を1期とする教育・保育及び地域の子ども・子育て支援事業の提供体制の確保、業務の円滑な実施に関する計画（市町村（都道府県）子ども・子育て支援事業（支援）計画。以下「事業計画」と略）の策定を義務化、④幼保連携型認定こども園について、学校及び児童福祉施設として法的位置付けを持つ単一の施設とする、⑤市町村には、保育を必要とする子どもに対し、必要な保育を確保する責務があると明確にし、すべての子どもに保育を保障、⑥地域型保育について、市町村が認可する仕組みを規定する、などとなる。

上記制度設計については、すでに幼児教育・保育界及び関連学会などから数多くの批判が提示されているが、ここでは、3点指摘しておきたい（伊藤、2013、100-103）。すなわち、第1点は、新制度にあっては、保護者に対する個人給付と保護者が自ら選択し契約する直接契約制を基本的な仕組みとすることで、これまでは施設に対する国・地方自治体からの負担金・補助金交付（施設補助方式）と自治体責任による入所・利用の仕組みをとってきた保育所制度にとりわけ大きな変化をもたらすということである。2つには、新制度にあっては、子ども・子育て支援の実施主体は基礎自治体（市町村）とされ、市町村は、国から包括的に交付される「子ども・子育て交付金」及び市町村財源（地方分）

と合わせ、地域のニーズに基づいて事業計画を策定し給付・事業を実施していくことになるが、地方自治体の取り組み姿勢や財政力などの違いにより、地方自治体間格差・実施事業間格差がさらに拡大していくことが危惧されるということである。そして第3には、新制度にあっては、認定こども園や幼稚園、保育所（当分の間、私立保育所は除く）は、基本的に、特定教育・保育施設として支給される「施設型給付」と、利用者（保護者）が認定された保育必要量を超えて保育を利用した場合に支払う自己負担金とで経営していくことになり、これまでより経営の不安定化が予想されるということである。こうした保育制度・経営改革の動向が、子ども・保護者・保育者（保育士、幼稚園教諭若しくは保育教諭）の「人権としての保育・幼児教育」を保障するものであるか否かが鋭く問われなければならないといえよう。

2 保育ソーシャルワークとしての保育制度論

（1）保育制度における保育ソーシャルワーク

保育制度とは一般に、「子どもの『保育を受ける権利』の保障に向けて、子どもの心身ともに健やかな成長（生命・生存・生活と発達の保障）を図ることを目的として、独自の意思を持って一体的な保育・教育活動を展開する組織」（伊藤、2013、92）などと定義付けることができるが、以下では、保育ソーシャルワークの視点から、その理論と問題について検討しておきたい。

日本国の最高法規である日本国憲法（以下「憲法」という）第13条は、「すべて国民は、個人として尊重される。生命、自由及び幸福追求に対する国民の権利については、……立法その他の国政の上で、最大の尊重を必要とする」と定めているが、同規定は、憲法が国民に保障する基本的人権条項（第10条～第40条）の目標を示していると考えられる。すなわち、基本的人権が「侵すことのできない永久の権利」（同第11条、第97条）として国民に与えられているのは、国民が「幸福に生きる」ためである。国民、特に子どもの「幸福」とは何かについては多種多様な解釈が可能であるが、今、それを「人間らしい人間になること」と捉えるならば、子どもに関するすべての措置・取り組みは、子どもが人間らしく育てられ育っていくことに資するものでなくてはならない。中谷彪は、

「教育について言えば、日本国憲法の平和的民主的な理念と教育条理に則った教育の機会均等を通して子ども・若者たちの健やかな成長と発達を図り、彼らの『幸福に生きる権利』の実現を達成していくこと」（中谷、2012、105）と述べているが、まさにこの指摘の通り、子どもの「心身ともに健やかな成長と発達」は、彼ら／彼女らが「幸福に生きる」こととイコール、若しくはその基礎となるものとして位置付けられるものである。保育ソーシャルワークもまた、こうした国民、特に子どもの「幸福に生きる権利」の実現に資するものでなくてはならない。

　伊藤良高は、「保育ソーシャルワーク」概念について、次のように述べている。「今とりあえず、同義語反復的にいうならば、保育ソーシャルワークとは、『保育に関するソーシャルワーク』『保育を対象とするソーシャルワーク』と定義づけることができる。ここでの『保育』とは、統一的に保護または養護という機能を含んだ教育（英語表記では、Early Childhood Care and Education、または単に、Care and Education。その意味では、単なるケアワークではない）であり、直接的には、その対象である乳幼児の幸福の実現（すなわち、発達保障と生存・生活保障）をめざすものであるが、厚生労働省『保育所保育指針』（2017年3月。以下「2017年版保育指針」という）や文部科学省『幼稚園教育要領』（同）、内閣府・文部科学省・厚生労働省『幼保連携型認定こども園教育・保育要領』（同）にも明記されているように、家族・家庭の幸福の実現がその必要条件となっている。従って、保育ソーシャルワークとは、子どもと保護者の幸福のトータルな保障に向けて、そのフィールドとなる保育実践及び保護者支援・子育て支援にソーシャルワークの知識と技術・技能を応用しようとするものである、といえるであろう。ただし、これまで蓄積されてきたソーシャルワーク論の保育への単なる適用ではなく、保育の原理や固有性を踏まえた独自の理論、実践として考究されていくことが望ましい」（伊藤、2011a、13）。やや長い引用となったが、ここには、子どもの「幸福に生きる権利」の実現が子どもの保護者・家庭のそれと基底的に結びついており、両者をトータルに捉えていくことや保育の原理・固有性を踏まえた独自の理論、実践として保育ソーシャルワークを構築していくことの大切さが説かれている。

（2）保育ソーシャルワークから見た保育制度の課題

周知のごとく、保育・幼児教育界において、保護者支援・子育て支援の必要性・重要性が唱えられるようになったのは、少子化対策が大きな社会問題となり始めた1990年代以降のことである。政策的レベルで見れば、その直接的契機となったものは、1994年12月に出された文部省・厚生省・労働省・建設省4大臣合意による「今後の子育て支援のための施策の基本的方向について」（エンゼルプラン）である。同文書において、「子育て支援」がキーワードとなり、これ以降、地域子育てネットワークの構築に向けて、孤立感・不安感・負担感のなかで子育てに向き合う場面が少なくない専業主婦（夫）家庭を対象に、育児不安等についての相談指導や子育てサークル等への支援などを行う地域子育て支援センター事業（1995年4月～。現・地域子育て支援拠点事業）、私的理由としての保護者の育児疲れ解消にも対応する一時保育事業（1996年4月～。現・一時預かり事業）、幼稚園における預かり保育など、様々な子育て支援事業が展開されてきている。

こうしたなかで、2003年8月に発表された厚生労働省報告書「社会連帯による次世代育成支援に向けて」（以下「2003年厚生労働省報告書」という）は、保育ソーシャルワークとしての保育制度論を提示した点で、注目に値するといってよい。すなわち、同文書は、次世代育成支援の基本的な考え方の1つに「専門性の確保」を掲げ、「保育所等が地域子育て支援センターとして、広く地域の子育て家庭の相談に応じるとともに、虐待などに至る前の予防対応を行うなど、一定のソーシャルワーク機能を発揮していくことが必要である」と述べて、地域における子育て拠点として、保育所を中心とする保育施設がソーシャルワーク支援を必要としている家庭の子育て支援に積極的に対応していくことの重要性を提唱したのであった。換言すれば、保育制度は、子どもの保育・幼児教育とともに、その保護者に対する支援、さらには地域における子ども・子育て支援という役割（目標）を担うべきことが示されたのである[1]。

児童福祉法一部改正（2001年11月）を皮切りに、こうした制度構想はその後、学校教育法一部改正（2007年6月）や厚生労働省「保育所保育指針」改定（2008年3月）・文部科学省「幼稚園教育要領」改訂（同）などにおいて具現化、具体化されることになる。すなわち、改正児童福祉法は、「保育所は、当該保育所

が主として利用される地域の住民に対してその行う保育に関し情報の提供を行い、並びにその行う保育に支障がない限りにおいて、乳児、幼児等の保育に関する相談に応じ、及び助言を行うよう努めなければならない」(第48条の3) と定め、保育所の地域住民に対する保育の情報提供や相談・助言を努力義務としている。改正学校教育法も同様に、「幼稚園においては、……幼児期の教育に関する各般の問題につき、保護者及び地域住民その他の関係者からの相談に応じ、必要な情報の提供及び助言を行うなど、家庭及び地域における幼児期の教育の支援に努めるものとする」(第24条) と定め、幼稚園の家庭・地域における幼児期教育への支援を努力義務としている。また、厚生労働省「保育所保育指針」は、新たに「保護者に対する支援」を独立した章として設け、「保育所に入所している子どもの保護者に対する支援」及び「地域における子育て支援」について定めている。文部科学省「幼稚園教育要領」においても、第3章の2「教育課程に係る教育時間の終了後等に行う教育活動などの留意事項」において、「教育課程に係る教育時間の終了後等に行う教育活動」(預かり保育)について具体的な事項を明示するとともに、「子育ての支援」についても、幼児期の教育に関する相談や情報提供、保護者との登園など、具体的な活動を例示している (伊藤、2011b、358-361)。

さらに、2006年6月に制定された「就学前の子どもに関する教育、保育等の総合的な提供の推進に関する法律」に基づく認定こども園の創設(同10月)にも見られるように、近年、子どもと家庭を取り巻く環境の変化のなかで、保育制度に期待される役割も、ニュアンスやトーンの違いこそあれ、深化・拡大する傾向にある。すでに述べたように、入所(園)している子どもの保育・幼児教育のみならず、家庭及び地域における保護者支援・子育て支援を担う役割が高まってきているのである。こうした動向は、保育ソーシャルワークとしての保育制度論のより一層の深まりと捉えることができよう。

3 ｜ 保育ソーシャルワークとしての保育経営論

(1) 保育経営における保育ソーシャルワーク

保育経営とは一般に、保育所・幼稚園・認定こども園等保育制度の経営をは

じめ、「保育の目的を効果的に達成するための諸条件を整備し、これを連携的かつ効果的に運営する営み」（伊藤、2013、66）などと捉えることができるが、ここでは、保育ソーシャルワークの視点から、その理論と問題について検討しておきたい。

　前出の2003年厚生労働省報告書は、「専門性の確保」について、一定の実務経験を積んだ保育士等を家庭及び地域における保護者支援・子育て支援を担えるスタッフとして養成していくことの大切さも述べている。この文書に見るように、近年、保育士・幼稚園教諭等保育者の「対人援助専門職」（helping profession）としての専門職性の高まりや保育者の専門性としてのソーシャルワーク能力の形成が重要な課題となってきている。すなわち、例えば、厚生労働省「保育所保育指針解説書」（2008年3月）は、保育所において、「子育て支援のため、保育士や他の専門性を有する職員が相応にソーシャルワーク機能を果たすことも必要」であり、保育士はソーシャルワークを中心的に担う専門職ではないことに留意し、現状では、保育士が中心となって「ソーシャルワークの原理（態度）、知識、技術等への理解を深めた上で、援助を展開する」必要がある、と述べている。また、文部科学省「幼稚園における子育て支援に関する研修について」（同）も同様に、「親子の葛藤や親の生き方を背景とする相談等に対応するに当たっては、発達支援に必要な人間関係や援助について学ぶことが必要となる」と指摘している。このように、保育者には、近年における地域社会の変貌に伴う家庭の子育て力の「低下」を踏まえ、保護者支援・子育て支援についてのソーシャルワーク能力を高めていくことが求められているのである。また併せて、保育者が保育現場における多様な課題に対応することができるようにするため、免許・資格、養成、研修、さらには保育施設の運営体制の整備充実が課題となっている。この点について、伊藤良高・宮﨑由紀子は、「子どもの保育及び保護者支援・子育て支援に係る保育施設・保育者の果たすべき役割・職務を、保育とソーシャルワークが交錯する『保育ソーシャルワーク』という視点からとらえ直していくことが大切である」（伊藤・宮﨑、2011、75-76）と指摘している。

　保育ソーシャルワークとしての保育経営論という視点から、保護者支援・子育て支援において保育者に求められる資質・能力を整理すれば、以下の2つが

挙げられるであろう。すなわち、1つには、現代の子育ち・子育てをめぐる環境の変化を踏まえ、特別な支援を必要とする家庭はもとより、1人1人の人間、市民、労働者としての保護者が置かれている状況や、保護者が抱えている子育ての問題・課題及び子育て支援ニーズを共感的に捉えることのできる力である。保護者の生活上の悩みや子ども・子育てに対する願い・思いをしっかりと受け止め、保護者とともに子育てに関わるパートナーとして、相互の信頼関係と協力・協働関係を築いていくことのできる力が求められる。そして、2つには、1つめのそれを踏まえ、子どもと保護者の安定した関係や保護者の子育て力の向上に向けて、保護者に対する保育に関する指導や子育て等に関する相談・助言、情報提供、関係機関・専門機関・関係者との連携など適切な支援を行うことのできる力である。親子をはじめ、地域における様々な人との関係づくりを含め、ミクロ、メゾ、マクロ各レベルにおけるソーシャルワーク実践を積極的に進めていくことのできる力が求められている（同上、76）。

　上述した保育者の資質・能力はいかにして形成されうるのであろうか。この問いに答えることは、実はそう容易いことではない。そもそも、保育ソーシャルワークを担う主体は誰か、あるいはどこかについて、多様な議論が展開されているからである。保育ソーシャルワークの主体論をめぐっては、保育士を想定するケースが多いが、視点や論点の違いにより、所（園）長や主任保育士（教諭）、ソーシャルワーカー、ファミリーソーシャルワーカーを想定するものもある。また、保育士とした場合も、社会福祉士資格を併有する者、あるいは専門機関による一定の養成研修を経た者、と限定的に捉える議論も見られる。これは、保育ソーシャルワークの専門性・固有性をどう捉えるか、さらには、保育ソーシャルワークを担う専門職としての資質・能力やその公証たる資格をいかなるものとして位置付け、構想するのかという問題でもある。

（2）保育ソーシャルワークから見た保育経営の課題

　保育経営の観点から、保育ソーシャルワークに精通した保育者の育成とそれを支える保育施設の運営体制の整備充実を進めていくことが不可欠になっているとすれば、当面、どのような問題をクリアしていく必要があるのか。以下では、3点、指摘しておきたい。

第1点は、保育ソーシャルワークの視点から、保育者に求められる資質・能力の在り方についてさらに考究していく必要があるということである。すでに述べたように、現代の保育者には、子どもの発達支援にプラスして、保護者支援・子育て支援に関する力量が求められている。しかしながら、現在、保育士・幼稚園教諭の養成にあっては、2年制での養成を前提としたカリキュラムであったり、社会福祉関係の科目がきわめて不十分であったりするなど、保育者の職域の広がりや深まりに十分に対応しきれていないことが問題点として挙げられる。子育て支援ニーズの多様化・複雑化に伴い、保育士及び幼稚園教諭若しくは保育教諭の資質・専門性のさらなる向上をめざし、保育ソーシャルワークについての専門性を持つ高度な専門職、あるいは子ども・保護者の育ちとライフコース全般を視野に入れ、子ども・家庭・地域をホリスティックに支援することをマネジメントする専門職という観点から、養成及び研修のカリキュラムを根本的に見直していくことが望まれる。それは、当然のことながら、4年制保育士養成課程の創設や大学院における養成・研究を展望するものであるが、子どもの保育・幼児教育に係る保育者としての資質・専門性をベースとしたうえで、保護者支援・子育て支援を中核的に担うことのできる人材（保育ソーシャルワーカー）養成を構想していくことが不可欠である。

　第2点は、第1点と深くかかわるが、保育ソーシャルワークの視点から、これまで2年制の課程を前提としてきた保育士資格の在り方を抜本的に見直していく必要があるということである。近年、幼稚園と保育所の一体化・一元化や認定こども園の拡充が進展しているなかにあって、幼稚園教諭免許状と保育士資格の併有促進が進められ[3]、両免許・資格の一本化も検討課題として浮上している。こうした状況にあって、保育士としての高度な専門性を確立し、これに対する社会的な信頼と認識を高めるためにも、4年制保育士資格の創設が喫緊の課題となっているといえるであろう。すでに幼稚園教諭にあっては、「大学における教員養成」という原則のもと、普通免許状の種別化（専修、1種、2種）や1種免許状を標準とする上級免許状への上伸の努力義務化、教職大学院における高度な人材養成などが制度として定着している。こうした近接する幼稚園教諭免許状、さらには、社会福祉士資格を視野に入れながら、法制度的整備を含め、子どもの保育及び保護者支援・子育て支援に精通した4年制保育士

資格の在り方について制度設計していくことが望まれる（伊藤・宮﨑、2011、78-79）。

　第3点は、保育者が保育ソーシャルワークについての学びをはじめ、保育者が目標を持って学習することができ、その成果を生かすことのできる研修体制を保育施設の内外において整備確立していくことが必要であるということである。2017年版保育指針は、保育士等職員に対して、「各職員は、自己評価に基づく課題等を踏まえ、保育所内外の研修等を通じて、保育士・看護師・調理員・栄養士等、それぞれの職務内容に応じた専門性を高めるため、必要な知識及び技術の修得、維持及び向上に努めなければならない」と述べているが、こうした指摘に待つまでもなく、保育者は、自己の使命を深く自覚し、絶えず研究（専門的知識・技術・倫理等の維持向上）と修養（人間性・人格の涵養）に励み、その職責の遂行に努めなければならないといえよう。そのためにも、自己研鑽をはじめ、職場内研修及び職場外研修などについての施設内外における真摯な取り組みが欠かせない。特に施設長・主任クラスの経営トップ層は、保育者の自己啓発の動機付けや指導・助言・支援（保育スーパービジョン）に努めていくことが求められる。「学び合いの環境づくりと保育現場の活性化」をキーワードに、保育施設における運営体制の整備確立を図っていくことが大切である。

おわりに

　保育制度・経営論としての保育ソーシャルワークをめぐる課題とは何か。いま、それを一言でいえば、保育ソーシャルワークの視点からの保育制度・保育経営におけるネットワークの構築ということになるであろう。保育制度にしろ、保育経営にしろ、その本来の専門性や固有性を発揮するためには、家庭・地域社会との連携・協働や、保育・幼児教育、保護者支援・子育て支援に関わる関係機関、専門機関、関係者との連携・協働が不可欠である。これらの関係性の形成においては、子ども・保護者・保育者ら保育・幼児教育当事者が中心となって自治的に進めていくことが望ましいが、そのバックボーンとして、国・地方自治体の果たすべき役割・責務の在り方が常に問われなければならない。

付　記

　本章は、学会設立記念出版として刊行された日本保育ソーシャルワーク学会編『保育ソーシャルワークの世界――理論と実践――』（晃洋書房、2014年11月）に掲載されたものを、本巻のために一部補筆して再掲したものである。

注
1）こうした主張はとりたてて目新しいものではなく、特に保育所については、1947年の児童福祉法制定当時から、子どもと保護者の権利を総合的に保障する社会的施設として位置付けられていた（参照：伊藤良高（2012）『現代保育所経営論――保育自治の探究――』北樹出版、1999年。同『保育所経営の基本問題』北樹出版）。かかる意味では、近年、保護者支援・子育て支援をスローガンに、制度創設当初の保育制度論（及び保育士の社会福祉専門職としての専門性）が再認識、再定位されることになったと捉えることができる。
2）厚生労働省「保育所保育指針解説」（2018年2月）は、2017年版保育指針の改定の方向性の1つとして、「保護者・家庭及び地域と連携した子育て支援の必要性」を掲げ、以下のように叙述している。「前回の保育所保育指針改定により『保護者に対する支援』が新たに章として設けられたが、その後も更に子育て家庭に対する支援の必要性は高まっている。それに伴い、多様化する保育ニーズに応じた保育や、特別なニーズを有する家庭への支援、児童虐待の発生予防及び発生時の迅速かつ的確な対応など、保育所の担う子育て支援の役割は、より重要性を増している。また、子ども・子育て支援新制度の施行等を背景に、保育所には、保護者と連携して子どもの育ちを支えるという視点をもち、子どもの育ちを保護者と共に喜び合うことを重視して支援を行うとともに、地域で子育て支援に携わる他の機関や団体など様々な社会資源との連携や協働を強めていくことが求められている」。長い引用となったが、ここにおいて、保育所内外における保育ソーシャルワークの必要性・重要性が改めて確認、強調されているということができる。
3）特に、2015年4月から施行された新制度において、新たな幼保連携型認定こども園に係る制度設計の1つとして、保育教諭の任用資格として、幼稚園教諭免許状と保育士資格の併有を原則としていることから（所要の経過措置あり）、両免許・資格の取得・併有に拍車がかかることが予想される。今後、指定保育士養成施設（保育士養成校）において、保育士資格と社会福祉士（受験）資格を取得する学生の数が減少することが危惧される。

引用・参考文献
伊藤周平（2012）『子ども・子育て支援法と社会保障・税一体改革』山吹書店。
伊藤良高（2011a）「保育ソーシャルワークの基礎理論」伊藤良高・永野典詞・中谷彪編『保育ソーシャルワークのフロンティア』晃洋書房。
伊藤良高（2011b）「子育て支援の今日的課題」鈴木正幸・加藤幸次・辻村哲夫他編著

『蘇る教師のために』川島書店。
伊藤良高（2013）「初期教育制度と保育・教育自治論」日本教育制度学会編『現代教育制度改革への提言　上巻』東信堂。
伊藤良高（2015）『幼児教育行政学』晃洋書房。
伊藤良高（2016）「国・自治体の保育所・幼稚園の行財政のしくみと課題」日本保育学会編『保育学講座2　保育を支えるしくみ――制度と行政――』東京大学出版会。
伊藤良高（2016）「熊本県山鹿市における保育・幼児教育改革の展開と課題」日本教育行政学会編『（学会創立50周年記念）教育行政学研究と教育行政改革の軌跡と展望』教育開発研究所。
伊藤良高（2017）「現代における子ども・子育て支援施策と保育施設経営の課題」伊藤良高編『第2版　教育と福祉の課題』晃洋書房。
伊藤良高（2018）「就学前の子どもと保育・幼児教育」伊藤良高・宮﨑由紀子・香﨑智郁代・橋本一雄編『保育・幼児教育のフロンティア』晃洋書房。
伊藤良高・伊藤美佳子（2017）『新版　子どもの幸せと親の幸せ――未来を紡ぐ保育・子育てのエッセンス――』晃洋書房。
伊藤良高・伊藤美佳子編（2018）『乳児保育のフロンティア』晃洋書房。
伊藤良高・宮﨑由紀子（2011）「保育ソーシャルワークと保育者の資質・専門性」伊藤・永野・中谷編前掲書。
中谷彪（2012）「子ども・若者の幸福と努力――『幸福に生きる権利』とかかわって――」伊藤良高・永野典詞・大津尚志・中谷彪編『子ども・若者政策のフロンティア』晃洋書房。
日本保育ソーシャルワーク学会編（2017）『保育ソーシャルワーカーのおしごとガイドブック』風鳴舎。

第3章
保育所制度の改革

はじめに

　2016年6月、児童福祉法の「総則」（第1条〜第3条）がほぼ70年ぶりに改正された。児童福祉法の改正は近年では毎年のように行われているが、「総則」の改正は戦後初めてのことである。周知のように法改正の直接的なねらいは、年間10万件を超えた児童虐待問題への対策強化と、保護者自身による自分の子どもの育成責任を強調することであった。

　しかし、児童家庭福祉の領域では虐待問題だけでなく、家庭だけの対応では問題の解決が難しい社会的な「ソーシャルワーク」が必要とされる今日的な状況には、7人に1人といわれる貧困児童（家庭）の問題、保育現場では10人に1人にまで増加しているとされるいわゆる「気になる子」と表現される児童の問題[1]、学齢児における不登校、校内暴力、非行、さらには近年大きな社会問題となっているいじめ（自殺）問題等々枚挙にいとまがない。

　本章は、「保育ソーシャルワーク」の意味やその役割を近年の「保育所制度改革」や「福祉」動向と関連付けながら明らかにしようとするものである。具体的には、第1節では「保育ソーシャルワーク」概念を一般的な「ソーシャルワーク」や児童家庭福祉領域の「ソーシャルワーク」との対比でその特性を考察する。本研究叢書の他の論文と重なる部分もあるが、筆者の論をすすめるためにあえてここで取り上げたものである。第2節では戦後の保育所（制度）の役割・機能の拡大過程を、「保育ソーシャルワーク」が求められてくる必然性と関連付けて明らかにする。次いで第3節では、子ども・子育て支援新制度や保育所制度改革、とりわけ「保育所保育指針」改定の動向との関連を取り上げ、今後の「保育ソーシャルワーク」の課題と展望を検討したい。

1 ソーシャルワークの基本概念と保育ソーシャルワーク

（1）児童家庭福祉領域でのソーシャルワークと保育ソーシャルワーク

　ソーシャルワークの定義は数多いが、一般には「生きる上で何らかの生活課題を抱えた人の相談に応じ、その問題の解決のためにソーシャルワーカー等により社会的な諸資源（物、人、情報、制度等々）を利用して、その人とその人を取り巻く環境の改善をめざして行われる諸過程」（木下・藤田、2015、26-42）と考えられているものである。しかし、ソーシャルワークが分野を問わず、広く「自立支援」＝自己実現ということを目的に行われるものであることは共通であるが、「超・少子高齢化社会」での「児童の健全育成」という「未来」志向的な役割が重視される児童家庭福祉領域のソーシャルワーク（以下「児童家庭ソーシャルワーク」と略記）としては、こうしたやや事後対応的な定義では不十分に思われる。

　筆者は「児童家庭ソーシャルワーク」の役割（機能）を表3-1のように考えている。ここでの「人格を育てる役割（機能）」は、主として子どもの人権の中核概念である「成長・発達の権利」の保障に対応するものであり、「人格（生活）を支える役割（機能）」は子どもの「家庭（的）養育を受ける権利」の保障に対応している概念である。それらの両者の機能を、「自己実現（自立助長）の促進（＝ well being）」という概念で統一的・総合的にまとめ促進することが児童家庭ソーシャルワーカーの役割なのである。

　しかし、表3-1の意味を保育所と関連させて考えてみると、この2つの役割とされるものは、実は保育所（保育士）の日常的な仕事（業務）の別の表現に他ならないことに気づかされる。このことは、保育所も児童福祉施設の一部であることを考えるならば当然のことであるが、「保育ソーシャルワーク」は

表3-1　「児童家庭ソーシャルワーク」の役割（機能）

自己実現（自立助長）の促進	― 人格を育てる役割（機能）
	― 人格（生活）を支える役割（機能）

出所：櫻井慶一（2016）『児童家庭福祉の基礎とソーシャルワーク』学文社、p.8。

何よりもそれが「児童家庭ソーシャルワーク」の一部であるという当たり前のことをあらためて最初に確認しておくべきことが必要である。それがゆえに、「保育ソーシャルワーク」は保育士が基本的に担うことと矛盾しないのである。

（2）「地域福祉」としての「保育ソーシャルワーク」

「保育ソーシャルワーク」の定義は未だ確立されているものではないが、筆者はその定義については、「児童家庭福祉の一領域で、地域福祉の一環として行われるものであり、誰もが地域の中で安心・安全に生活が続けられる基盤づくりのために、保育士等の職員が、児童やその保護者、地域の子育て家庭等の子育て支援ニーズや関連した生活課題の解決をめざして、可能な限りの地域社会の諸資源（人、物、情報、行政、専門機関、ネットワーク等々）を利用して働きかけること、働きかける場所は保育所や地域子育て支援センター等の内外を問わない」と考えている。さらに補足するならば、筆者は保育所が児童福祉施設であり、福祉の国家資格所有者でもある保育士によって担われている以上、その本来の持つべき「ソーシャルワーク」機能に狭義の保育機能（ケアワーク）も含まれていると考え、一体として固有の「実践概念」を表すものと考えることが妥当と考えているのである。

筆者が「保育ソーシャルワーク」が「地域福祉」の一部であることを強調するのは、次節で述べるようにそれが「子ども・子育て支援法」で規定されていることという理由もあるが、「地域子育て支援」は地域全体の子育て家庭を視野に入れる必要があることから、当然その対応には地域の社会諸資源やネットワークの活用という社会的な「ソーシャルワーク」視点が必然的に求められるからである。各保育所には地域の一保育所という枠を超えて、「保育ソーシャルワーク」の展開には「地域福祉」の視点が論理的に不可欠だからである。

現象的ではあるが、一般に「児童家庭ソーシャルワーク」の多くの展開事例をみると、その対応には共通して2つの要素が認められることを筆者は別のところで指摘した（櫻井、2017、5）。その2つの構成要素とは、①「保護者等との協働での個別的な自立支援計画を策定しての直接的支援」、②「地域での関係者や専門機関とのネットワーク構築による継続的・総合的な支援」である。こうした対応は「保育ソーシャルワーク」でも原則として共通である。その意味

ではむしろ今日的な「保育ソーシャルワーク」の問題点は、そうした日常的実践が保育士たちに「ソーシャルワーク」として意識されていないということの弊害による2次的問題を生ずるリスクにあるように思われる[3]。

しかしながら、現実には多くの保育所ではすでに一般的な「ソーシャルワーク」対応をしているのであるが、同時に限られた資源や専門性、時間的余裕もあまりない現状の「保育所」単独ではできることの限界も当然ある。もちろん、1人の保育士の力だけでできることではないことも事実である。その意味でも、多くの保育所では困難な問題の解決のためには職員全体、さらには地域の関係者の総力をあげた組織的で継続的な責任をともないういわゆる「チーム保育」という「地域福祉」的な考え方がどうしても必要なのである。

2 ║ 戦後保育所の役割機能の拡大と保育ソーシャルワーク

（1）戦後保育所の役割機能の拡大過程──戦後の5段階の役割変化──

戦後の日本の保育所の役割（期待）の拡大過程を、筆者は図3-1のように、概念的には大きく5期に分けて考えている。以下、簡単ではあるがその段階ごとの説明を加えておきたい。

第Ⅰ期（1947～1980年）は、児童福祉法が成立し、保育所が子どもたちの「成長・発達」支援を目的に、設置が全国各地で急速に拡大した時期である。「幼稚園に追いつき追い越せ」という意識が保育所関係者では強く働いていた時期であり、戦前の「託児所」とは違う、地域の信頼できる保育＝幼児教育施設として機能することが期待されていた段階である。

第Ⅱ期（1981～1990年）は、80年前後に全国各地で死亡事故が相次いだベビーホテル問題を契機に、認可保育所での「就労支援」機能の充実が叫ばれ、保育所の本来の使命として地域の保育ニーズの多様化に応えることが課題になった時期である。延長保育や乳児保育、夜間保育や学童保育などの多様な保育サービスの実施が、地域差はあるものの全国的に求められるようになった。しかし、保育ニーズ多様化への対応では、各保育所の自助努力が基本であり、改革があまりにも急激であったために、保育現場がその対応に苦慮した（している）段階であり、今日にいたるまでの課題が多く残された時代である。

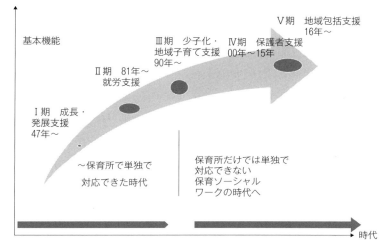

図3-1 戦後の保育所の機能（役割）の拡大過程
出所：第59回 全国保育協議会保育研究大会（2015年11月12日）第9分科会での筆者作成資料を一部修正。

　第Ⅲ期（1990～1999年）からの展開は記憶に新しいところである。1989年の1.57ショックを受けて「少子化対策」、「地域の子育て支援（児童の健全育成）」機能の拡大・充実が大きな課題となった時期である。「エンゼルプラン」、続く「新エンゼルプラン」などで保育所機能の拡大がはかられ、地域の3歳未満児を主対象とした「地域子育て支援センター」などの設置も全国的に急速に進められた時期である。また、少子化時代にあって児童の「健全育成」という視点から、保育所を利用している以外の地域の子育て家庭一般への保育サービスの拡大が強く求められる時代となった。待機児童問題や虐待問題も報じられることが増えてきた段階である。

　第Ⅳ期（2000～2015年）は、2000年に「児童虐待防止法」が超党派で成立するなど、バブル経済の崩壊に伴い家庭の生活基盤が不安定化し、所得格差も拡大し、家族機能が変容・縮小した時期である。この時期にはいわゆる「気になる子」・「心配な親」等も増え、家庭支援、保護者支援が保育士の任務になり、個別的で丁寧な「保育ソーシャルワーク」の必要性が強く求められるようになった段階である。2015年度からは「子ども・子育て支援新制度」も開始されたが、

一方で保育所への規制緩和がすすみ、保育所では保育士不足もあり、その「質」の確保が大きな課題になった（なっている）時期である。

　第Ⅴ期（2016年～）は今日のことである。2016年に児童福祉法の「総則」等の改正が行われたことは「はじめに」で述べたが、家庭をめぐる問題はますます複雑・多問題化してその解決の糸口がまだ見えない状況である。また、「超・少子高齢化社会」が一段と進行し、家庭支援の概念には、第Ⅳ期同様に保育所を利用する保護者のみならず、地域の子育て家庭全体を視野に入れる活動が求められ、さらに加えて児童福祉法、母子保健法の2016年改正で「日本版ネウボラ＝母子健康包括支援センター」制度が新設されたことに象徴されるように、妊娠期からの子育て支援、生涯を見通した「地域包括的」な子育て支援が求められている時期である。

　「子ども・子育て支援新制度」が開始され「利用者支援事業」等も法定化され「地域連携コーディネーター」などを配置する市町村も出てきている。しかし、「日本一億総活躍社会」への対応として現実的な制度課題では待機児童問題が大きな社会問題化しており、その対応として「待機児童解消加速化プラン」が2013年度から開始され2017年度までの5カ年間で50万人の受け皿の拡大が目指されるなど、保育所等をとりまく状況は大きく揺れ動いている。また、今後の「保育ソーシャルワーク」の展望とも関連するが、利用者支援のために「保育コンシェルジュ」の制度もつくられたが、「地域共生社会」をつくるための社会的インフラの1つとして、それが地域福祉の一部として広く定着するかどうかの判断はまだ難しい状況である。

　以上が、戦後保育所に期待された基本機能の5段階の発展過程の簡単な説明である。もちろん、こうした戦後の保育所の基本機能の拡大過程は、図にあるように前段階のそれに代わるものではなく、次の段階へと重層的に積み重さねられてきたものである。そのためこの間の過程は、保育所や保育士側からみれば求められる専門機能（性）や仕事量の急激な拡大過程でもあった。そのため今日でも、「意識」改革も含めその対応に苦慮している保育所も多いのが実状であり、またその整備度合いも地域差が大きいことは周知の通りである。

（2）保育ソーシャルワークの展開──保育団体等の動向から──

「保育ソーシャルワーク」の必要性が研究者間で論じられるようになったのは、「児童虐待防止法」が施行された2000年ごろからのようであるが[4]、保育現場で「保育ソーシャルワーク」という語句がいつ頃から使われ始めたかについてははっきりしていない。というよりも、むしろ今日でも「保育所」ではそうした実践はあっても「ソーシャルワーク」という概念や語句はほとんど広がっていないと言う方が正しいであろう[5]。

保育現場側からの「保育ソーシャルワーク」への組織的な対応に関しては、2006年5月に全国保育協議会が策定した「地域のなかで必要とされる公立保育所になるためのアクションプラン」（以下、「アクションプラン」と略記）での提言が嚆矢と考えられる。具体的には、その中で公立保育所の強みを生かした「全保協の将来ビジョン」の実現をめざすために、5つのカテゴリー・23のアクションが明示され、そのカテゴリーの2番目の「子育てライフを支援する」ためのアクションの11番目に、「保育ソーシャルワークによる地域子育て家庭への支援を強化します」という文言が見られることがそれである。「アクションプラン」はその後今日にいたるまでに部分的な改定が2回行われたが、現在の第三次プランでもその内容・骨格はほとんど変わっていない。

このプランの存在は保育所関係者ですら必ずしも意識されていないようであるが、全国の公立保育所では今日でもこの「アクションプラン」をベースに、地域の実情や保育所ごとの必要性に基づき研修を積み重ねていることもあり、その策定の意義は極めて大きかったと考えられる。ちなみに2015年6月に全国保育協議会から出版された『公立保育所の強みをいかした「アクション」実践事例集』には22の実践事例が集録されているが、そのうち18の事例は、前述した「支援計画の策定による自立支援」と「地域関係者との連携・協力」という2つの基本要素で判断すると、保育所でのソーシャルワーク実践事例としても高く評価できる内容を有するものである。

一方、民間保育園でも保育ソーシャルワークが切実に必要と考えられる夜間保育所などでは「ソーシャルワーク」への期待は早くから高かった。全国夜間保育園連盟の2010年度の利用者調査では、「両親家庭が74.5％と多いが、母子家庭も24.1％と極めて高く、父子家庭も1.9％存在している」（全国夜間保育園連

盟、2014、資料4）とされ、それらのひとり親家庭では深刻な生活課題を抱えた家庭も多いことが明らかにされている。個別的な「ソーシャルワーク」展開のために特別な職員等の加配が望まれているのである。

全国夜間保育園連盟からの実際のそうした具体的要望は、2002年の倉敷市での大会の「倉敷宣言」が最初のものであるが、そこでは夜間・深夜にも対応できる「子育て相談事業」の実施が、さらに2008年12月の大阪大会での「大阪宣言」では、その要望の3点目として「保育所的機能を有効活用するため、保育ソーシャルワークの役割を担う『保育福祉士（仮称）』のような資格制度を創設し、これを児童家庭支援センターに配置するなどの対応が必要である」（全国夜間保育園連盟、2014、資料3）ということが求められている。「大阪宣言」は公的な保育所団体が、文字通り「保育ソーシャルワーク」という語句を運動課題として最初に使用した例としても注目されるものである。

また、こうした組織的、継続的な動向とは別であるが、2017年6月に京都で開かれた第60回全国私立保育園連盟の全国大会では、その第13分科会が「保育ソーシャルワーク──『保育で』支える・『保育を』支える──」とされ、従来の「保育カウンセリング」部会に代ったことが注目される[6]。この部会設定が2017年度限りのことなのか、その意図がどこにあるのかは不明であるが、その部会を開催した担当組織が「全私保連　保育カウンセラー企画委員会」であっただけに次年度以後はどうなるのかが興味深い。現場からの「保育ソーシャルワーク」が広がる兆しは、中学校でも原則「スクールカウンセラー」だけの配置であったものが、2016年度からは「スクールソーシャルワーカー」がおかれるようになった動向とも符丁しており、今後の動向が注目される。

3　保育所制度改革と保育ソーシャルワークの展望

（1）近年における保育所制度改革と保育ソーシャルワーク

近年における保育所制度改革の動向では、1997年の児童福祉法改正で「措置制度」から「利用契約制度」へと制度の基本システムが大きく転換されたことが最も大きな意味のあったことであろう。改正は「社会福祉基礎構造改革」の一環として行われたものであり、本来は同時期の介護保険制度との整合性をと

るため、保険システムへの転換が大きなねらいであったが、保育所界の反対も強かったために一度にはできないとされ、課題は先送りされて今日に至っている。「保育ソーシャルワーク」との関連では、この改正に保育所に「相談・助言」機能が付与されたことも大きな変革であった。

　しかし、保護者に保育所選択権を付与した新たな制度改革にもかかわらず、実際には折からのバブル経済崩壊後の不況のために働く女性が増え、都市部では今日に続く待機児童が目立つようになり、保育所選択の余地など生ずるはずも無く、その改革は実質的にはほとんど意味のないものになってしまった。さらに保険制度に関連しては、2003年の「次世代育成支援システム研究会」の報告書で「保育ソーシャルワーク」や「育児保険」が提言されているが、前後して社会保険庁による年金未納問題が起こり「育児保険」はあり得ない状況になったことは記憶に新しいところである。これ以後、2006年の（旧）認定こども園法の成立までの保育所の制度改革の動向では、2003年に児童福祉法第18条の4が改正され、虐待する保護者対応を念頭に、保育士に保護者への保育指導が業務として位置付けられたことなどが「保育ソーシャルワーク」との関連では重要と思われる。

　その後の保育所制度改革の基本動向は、児童福祉法改正によるものではなくいわゆる「通知行政」といわれる一連のなし崩し的な規制緩和によるものが主となった。具体的には、1998年からの短時間保育士の導入や年度途中からの定員の上限枠の撤廃、2000年からの保育所設置主体の制限緩和、2002年からの小規模（分園）の設置・促進のための規制緩和、2003年9月からの指定管理者制度の創設、2004年からの公立保育所の運営費の一般財源化、2005年からの幼保一体型の総合施設のモデル事業の開始、2006年からの（旧）認定こども園制度の開始等々がその主なものである。こうした保育の「市場化」促進の流れは今日まで継続しているものであるが、「保育の質」の向上や「保育ソーシャルワーク」を推進する立場からは否定すべき動きであったことは言うまでもないことであろう。

　（旧）認定こども園法の成立以後の今日までの全体的な制度改革の動向は本書の第5章に詳しいのでここでは省略するが、保育所制度改革の動向との関連で、筆者が現在最も懸念していることを1点だけ課題としてあげておきたい。

それは2016年度から開始された「企業主導型保育事業」のことについてである。

「企業主導型保育事業」への筆者の懸念は大きくは2点である。その第1は、設置にあたり原則として市町村の関与がきわめて少ないこと、利用方式は直接契約制度であり夜間も含めた多様な保育が自主的にできるが、職員としては保育士資格者だけでなく、講習を修了しただけの「子育て支援員」でも可となっていることなど、公的な保育施設としてはかなりの疑問を含むものであることである。運営費や整備費についても認可施設並みの助成が受けられることも喧伝され、その拡大が待機児童対策として現在急ピッチに行われているが、こうした行政の関与がない、あるいは非常に薄い認可外保育所の一類型である保育施設が地域に広がることはこれまでの規制緩和とは異なる、別次元の大きな課題をはらんでいるといわざるを得ない。そうした施設で、若い経験不足の職員による不適切な保育や事故などにつながらなければ良いがと心配されるのである。

また、第2の懸念は財源問題である。筆者はかつて「育児保険」構想を強く批判したことがあるが（櫻井、2006、240-250）、その根本理由は財源が特別会計に移されることで、その支出は基本的に議会（国会）でのコントロールが原則及ばないので、省庁の好き勝手や無駄遣いがいくらでもできてしまう基本構造になるからである。周知のように「企業主導型保育事業」の財源は事業主拠出金である特別会計の「児童手当勘定」からの支出によってまかなわれている。特別会計によるそうした問題が再び起こされる懸念も大きいが、財源の一元化を目的とした新制度の基本理念が根本的に崩されかねないことが本質的な問題である。「企業主導型保育事業」が拡大することは、公的な保育所制度や市町村の保育責任の根幹を揺るがすことにつながりかねないものであり、保育ソーシャルワーク以前のものであることの危険性をあらためて指摘しておきたい。

こうした状況の中で、むしろ児童家庭福祉や地域福祉の推進の立場からは、2012年に成立した「子ども・子育て支援法」の中での、「保護者支援と地域子ども・子育て支援」に関する2つの条文が「保育ソーシャルワーク」に関連して重要と思われる。すなわち、同法第59条1は、地域子育て支援を、「……子ども又は子どもの保護者からの相談に応じ必要な情報の提供及び助言を行うとともに関係機関との連絡調整その他の内閣府令で定める便宜の提供を総合的に

行う事業」とし、「ソーシャルワーク」的な対応を施設側に求めている。また、第61条6では、「市町村版子ども・子育て支援事業計画は、社会福祉法第107条に規定する市町村地域福祉計画（中略）その他の法律の規定による計画であって、子どもの福祉又は教育に関する事項を定めるものと調和が保たれたものでなければならない」とされている。ここには新制度遂行の根幹である「子ども・子育て支援事業計画」を市町村版「地域福祉計画」の一部として取り込んでいく方向が明示されている。子ども・子育て支援新制度が「地域福祉」とのリンクを強化しなければならない法的な根拠の1つである。

（2）保育ソーシャルワークの展望──「保育所保育指針」との関連で──

最後にこの間の保育ソーシャルワーク関する政策動向と今後の展望を、「保育所保育指針」（以下、「指針」と略記）との関連で簡単に見ておきたい。表3－2

表3－2　5回にわたる「保育所保育指針」にみる「保育ソーシャルワーク」に関連する重要なポイント

事　項	65年指針	90年指針	00年指針	09年指針	18年指針
法的性格	参考図書（ガイドブック）	同　左	同　左	告示文書（最低基準）	同　左
保育ソーシャルワーク概念に関連する事項・語句	養護と教育の一体化という語句の登場	①保育所保育の明確化＝養護と教育の一体化、養護の意義の強調、②保育需要の多様化への対応強化	①養護と教育の一体化②子どもへの発達支援③地域子育て支援の重視	①認定こども園の登場②保護者への（虐待対応を中心とした）保育指導	①子ども・子育て支援新制度開始②保育所保育における幼児教育の強調
保育内容の規定（「児童福祉施設最低基準」、現「児童福祉施設の設備及び運営に関する基準」）	健康観察、服装などの異常の有無の検査、自由遊び昼寝、健康診断	同　左3歳以上児は基礎的事項＋5領域化	同　左	①養護および教育を一体的に行うこと②「保育所保育指針」に規定された内容	同　左①幼児期の終わりまでに育って欲しい10の姿、②1歳以上児からの5領域化
目的と基本性格	家庭養育の補完	同　左	同　左	専門的な集団教育（保育）の場	同　左

出所：各年度版「保育所保育指針」をもとに筆者作成。

は、1965年の最初の「指針」から、2018年4月からの「指針」までの5回にわたるその内容を、「保育ソーシャルワーク」に関連すると考えられる「養護」「保護者」「地域子育て支援」などの語句をキーワードにして簡単にまとめたものである。

　表3-2からは、1965年「指針」から一貫して「養護と教育の一体化」というキーワードは共通していること、1990年「指針」ではそれがさらに強調され、2000年「指針」からは子どもの発達促進に加え「地域子育て支援」が加えられたこと、2009年「指針」では保護者への「保育指導」という概念が出てくることなどが分かる。そして何よりもこの経過の中での最大の問題点は、2009年「指針」はもとより2018年「指針」にいたっても、肝心の「(保育)ソーシャルワーク」の語句が現れてこないことである。子育てが家庭だけでは支えられない状況（超・少子化、虐待、貧困、「気になる子」、心配な親の増加等々）が顕著に広がりはじめて20年余、それにもかかわらず地域で最も身近な、最後の児童家庭福祉のセーフティーネットであるべき保育所の在り方の基本にかかわる「指針」そのものには、不思議なことに未だに「ソーシャルワーク」の語句は見当たらないのである。

　そうした理由の一端は、現行「指針」の改定作業にかかわった厚生労働省の社会保障審議会保育専門委員会の議事録から明らかである。周知のように現行「指針」改定のための委員会は2015年12月から2016年12月にかけて合計10回開かれている。しかしその間、「ソーシャルワーク」の話題は第1回及び第4回、第9回の3回しか出されておらず、結論的には「ソーシャルワーク」の語は、全く現行「指針」には反映されなかった。そうした結論に至った理由は、保育所または地域子育て支援センター等との機能のすみわけも含め、在り方議論や担い手（保育所（士）が担うのか、外部のソーシャルワーク機能と連携していくのか）の議論が不足しているので、結論を先送りしてもやむを得ないということであった[8]。

　もちろん、筆者も「指針」には、前提条件として、（学校）教育を重視した「幼稚園教育要領」との整合性が求められるということは承知している。しかし、保育所はそもそも児童福祉法第7条に規定される児童福祉施設であること、しかも地域の最も身近な地域福祉の核としてあるべき存在だと考える立場では、

第3章　保育所制度の改革　45

なぜ保育所独自の課題が書きこめる第4章にその文言を一言でも書き込めなかったのか、筆者には理解できないのである。

おわりに

　多様な「地域子育て支援施設」の普及や「一般化」をねらいの1つにしたものが子ども・子育て支援新制度である。幼稚園も含めた地域子育て支援の強化、子育て支援センター等の地域での普及・拡大にももちろんそれなりに大きな意義がある。しかし、子どもや家庭をとりまく状況は憂慮すべき段階であり、児童福祉施設としての保育所及び保育士にはさらにきめ細かな専門的対応を期待したいところである。

　2016年4月からの「障害者差別解消法」の施行にともない、就学や就園にあたり「合理的配慮の有無」が厳しく問われ、差別禁止が強く求められるようになっている。こうした流れは2006年の国連での「障害者の権利条約」の採択を契機に、世界的に高まる「インクルーシブ」な教育や保育を求める理念に応えるものであり、2013年11月にようやく条約を批准したわが国の国際公約・履行義務でもある。そうした影響もあり、今、保育現場ではいわゆる「気になる子」の入所が急激に増えている。子どもや家庭をとりまく状況は、子育て支援の「一般化」ではなく、むしろ「保育ソーシャルワーク」対応が可能な「専門化」でなければ当該保護者の切実な願いや地域の多様で深刻な保育ニーズに応えることはできないものに思われる。

　「保育所制度改革」の今後の方向には、1人の子どもも家庭も排除されないという「インクルーシブ」社会の実現のために、人権保障や多様性の尊重などの「社会福祉」の基本理念にふまえた保育所制度の構築が強く求められていることをあらためて指摘しておきたい。

注
1）ちなみに筆者の2014年度における全国公立保育所トップセミナーでの調査では全国273の公立保育所での「気になる子」の平均在籍率は10.3％であった。櫻井慶一（2015）「公立保育所の現状と新制度下でのこれからのあり方を考える」全国保育協議会編『公立保育所の強みを活かした「アクション」実践事例集』p.6参照。

2）保育ソーシャルワークの概念については、保育（ケアワーク）をベースとするか福祉（ソーシャルワーク）をベースにするかという基本的な立場や理念、その機能や実践主体、主たる展開場所等々もふくめ確定しているわけではない。なお、鶴宏史（2009）『保育ソーシャルワーク論』あいり出版、pp. 54-55参照。
3）保育所での困難事例への対応が「ソーシャルワーク」であることを意識したとき初めて、ケースに対し継続的、組織的かつ一貫した支援体制の必要性が理解され、不適切な、あるいはかかわりが全く無く放置されたために生ずる2次的障害等を予防することが可能と思われる。こうした問題点の詳細については、櫻井慶一（2015）「保育所での"気になる子"の現状と『子ども・子育て支援新制度』の課題」『文教大学生活科学研究所紀要第37集』、櫻井慶一（2016）「保育ソーシャルワークの成立とその展望――「気になる子」等への支援に関連して――」『文教大学生活科学研究所紀要　第38集』等を参照のこと。
4）山本佳代子（2014）「保育ソーシャルワーク研究の動向と課題」日本保育ソーシャルワーク学会編『保育ソーシャルワークの世界――理論と実践――』晃洋書房、p. 2によれば2001年に1本であった研究論文が次第に増加して、2007年以後では各年6本程度になり、2013年度までで53本にのぼっていることが明らかにされている。2000年頃からようやく研究が始められたことが分かる。
5）今日でも地域と連携しながら「障がい児保育」「保護者支援」「地域子育て支援」等を多様に展開している保育所でも、その自らの実践に「保育ソーシャルワーク」の語句は使用していないところが多い。ちなみに現場からのものでは、松岡俊彦（2007）「保育ソーシャルワークを再考する――統合保育の実践から学ぶもの――」『子ども家庭福祉学』第7号、pp. 75-80が最も早い時期に自己の経営する保育所での実践に「保育ソーシャルワーク」の語句を使用した1例と思われる。
6）当日、分科会講師を勤めた白梅学園大学の長谷川俊雄教授は、保育所で取り組まれている実践をソーシャルワークとして解釈し、ソーシャルワークの方法で位置付けしなおしてみることの重要性を強調している。第60回（2017）『全国私立保育園研究大会討議資料』142～158頁参照。筆者も全く同感である。
7）筆者は育児保険構想を当時、①理念上の問題、②給付及び費用負担、③制度設計、④市町村と国との関係、⑤給付対象等の5つの視点からその問題点を詳細に検討、批判した。櫻井慶一（2006）『保育制度改革の諸問題――地方分権と保育園――』新読書社、pp. 240-250。この批判視点及び特別会計であることの問題点は、今日一部の国会議員等から新たに出されている「育児保険」構想に対しても全く変わらないものである。
8）厚生労働省社会保障審議会（保育専門委員会）の「保育所保育指針改定に関する審議経過」の下記ホームページ参照。(http://www.mhlw.go.jp/stf/shingi/shingi-hosho.html?tid=314168、2017年9月25日最終確認)。具体的には、第9回委員会（2016年11月24日）での関西学院大学・橋本真紀教授の「その機能を保育所が担うのか、外部のソーシャルワーカー等との連携で行うのか、（中略）委員会での結論が得られなかったためこのままでよいのではないか」という結論了承発言である。

引用・参考文献

岩田正美他監修・岩間伸之他編著（2010）『ソーシャルワークの理論と方法　Ｉ』ミネルヴァ書房、社会福祉士養成テキストブック３。
岡本民夫監修・平塚良子他編著（2016）『ソーシャルワークの理論と実践』中央法規。
木下大生・藤田孝典（2015）『知りたい！　ソーシャルワーカーの仕事』岩波ブックレット。
厚生労働省編（2008）『保育所保育指針解説書』フレーベル館。
国際ソーシャルワーカー連盟編（2004）『ソーシャルワークと子どもの権利』筒井書房。
櫻井慶一（2006）『保育制度改革の諸問題――地方分権と保育園――』新読書社。
櫻井慶一（2016）『児童・家庭福祉の基礎とソーシャルワーク』学文社。
櫻井慶一編著（2017）『福祉施設・学校現場が拓く　児童家庭ソーシャルワーク』北大路書房。
次世代育成支援システム研究会監修（2003）『社会連帯による次世代育成支援に向けて――次世代育成支援施策の在り方に関する研究会報告書――』ぎょうせい。
全国保育協議会編（2015）『公立保育所の強みを活かした「アクション」実践事例集』全国社会福祉協議会。
全国夜間保育園連盟監修・櫻井慶一編（2014）『夜間保育園と子どもたち――30年のあゆみ――』北大路書房。
鶴宏史（2009）『保育ソーシャルワーク論』あいり出版。
日本保育ソーシャルワーク学会編（2014）『保育ソーシャルワークの世界――理論と実践――』晃洋書房。
橋本好市・直島正樹（2012）『保育実践に求められるソーシャルワーク』ミネルヴァ書房。

第4章
幼稚園制度の改革

はじめに

　2017年3月31日に「幼稚園教育要領」「保育所保育指針」「幼保連携型認定こども園教育・保育要領」が改訂（定）され告示された。この3つの法令が同時に改訂（定）されたのは、今回が初めてである。近年、幼児期の教育の重要性が多くの研究結果から世界的に叫ばれている。無藤隆は、「幼稚園は家庭の事情や単なる趣味で通わせる場所ということではなく、幼児にとって必要不可欠な場所です。また幼稚園だけでなく、保育所や認定こども園の子どもも、同じ教育を受けるのは当然だ」（無藤、2017、14）と述べていることからも今後、幼稚園のみならず、子どもが通う園（施設）の果たす社会的な役割はますます重要視されると考える。

　本章では、幼稚園制度のこれまでの経緯とこれからの課題、また、幼稚園における子育て支援について保育ソーシャルワークの視点も含めて検討しようとするものである。そのために、まず、幼稚園制度の成立と展開について、日本における幼稚園の誕生と幼稚園教育要領の変遷についての経緯を概観する。次に、幼稚園教育の内容と預かり保育の必要性について考察をする。そして、最後に、幼稚園制度の改革の課題について子育て支援と保育ソーシャルワークとの関連から述べていきたい。

1　幼稚園制度の成立と展開

（1）幼稚園制度の成立
日本において幼児教育機関の名称が最初に掲載された教育法として、1872年

に公布された「学制」が挙げられる。その中の第21章で「小学校ハ教育ノ初級ニシテ人民一般必ス学ハスンハアルヘカラサルモノトス　之ヲ区分スレハ左ノ数種ニ分ツヘシ　然トモ均シク之ヲ小学ト称ス　即チ尋常小学女児小学村落小学貧人小学小学私塾幼稚小学ナリ」と、小学校の性格種類を示し、第22章では「幼稚小学ハ男女ノ子弟六歳迄ノモノ小学ニ入ル前ノ端緒ヲ教ルナリ」と定め、「幼稚小学」を小学校の1種として、学齢期未満の幼児を保育する教育機関であることを明らかにした。しかし、当時は小学校の開設に重点が置かれたこともあり、「幼稚小学」の開設は実現されなかった。

　幼児のための施設としては、学制が公布される以前の1871年には、横浜の外国人居留地の中につくられた亜米利加婦人教授所が存在していた。また、1873年に京都の建仁寺辺りにあったと伝えられている鴨東幼稚園、1875年に京都の柳池学区に設けられた幼穉遊嬉場といくつかが存在していた。しかしながら、鴨東幼稚園と幼穉遊嬉場は、いずれも1年あまりで閉鎖を余儀なくされている。

　日本で最初の幼稚園とされているのが1876年に開設された東京女子師範学校附属幼稚園である。官立幼稚園として開設され、その後の幼児教育に多大な影響を与えたとされている。実際、1879年には、大阪、鹿児島、仙台に幼稚園が次々と開設され、大阪と鹿児島の幼稚園は、東京女子師範学校附属幼稚園の指導によるものであった[1]。東京女子師範学校附属幼稚園では、関信三を監事として迎え、ドイツ人のクララ・チーテルマン（松野クララ）を主席保母、豊田芙雄を保母として保育を開始した。関信三が監事として迎えられたのは、関が亜米利加婦人教授所に出入りし、幼児保育の仕事を幾分か知っていたからではないかとされている（上、山﨑、1976、16）。1877年には、東京女子師範学校附属幼稚園規則（図4-1参照）が制定され、保育の科目や時間表が定められた。この規定は、以後の幼稚園に大きな影響を与えたとされており、柿岡玲子は、①入園年齢を、男女とも満3歳以上6歳以下とした点、②定員（在園児数）を「大約百五十名」とし、これらの幼児を年齢別に区分した点、③「園中ニ在テハ保姆小児ノ責ニ任ス」と「保姆」「保育」という語を明記した点、④保育時間を「毎日四時」とした点は、多少表現を変えながらも現在まで引き継がれていると指摘している（柿岡、2005、14-15）。

　1879年に公布された「教育令」では、第1条で「全国ノ教育事務ハ文部卿之

第一条　幼稚園開設ノ主旨ハ学齢未満ノ小児ヲシテ、天賦ノ知覚ヲ開達シ、固有ノ心思ヲ啓発シ身体ノ健全ヲ滋補シ交際ノ情誼ヲ暁知シ善良ノ言行ヲ慣熟セシムルニ在リ

第二条　小児ハ男女ヲ論セス年齢満三歳以上満六歳以下トス
　　　但シ時宜ニ由リ満二歳以上ノモノハ入園ヲ許シ又満六歳以上ニ出ツルモノト雖モ猶在園セシムルコトアルヘシ

第三条　小児ノ未タ種痘或ハ天然痘ヲ為ササルモノ及ヒ伝染スヘキ悪疾ニ罹ルト認ルモノハ入園ヲ許サス且既ニ入園スルモノト雖モ伝染病ニ罹ルトキハ快癒ニ至ルマテ来園スルヲ得ス

第四条　入園ノ小児ハ大約百五十名ヲ以テ定員トス

第五条　小児ノ募集ハ預メ其期日員数等ヲ広告スヘシ

第六条　小児ヲ入園セシメントスルモノハ第一号書式ノ願書ヲ以テ申出ヘシ且入園ノ許可ヲ受ケタルモノハ第二号書式ノ保証状ヲ出タスヘシ

第七条　園中ニ在テハ保姆小児保育ノ任ス故ニ附添人ヲ要セス
　　　但シ小児未タ保姆ニ慣熟セサル間ハ附添人ヲ出タスモ妨ケナシ小児自カラ往来スル能ハサレハ附添人ヲ出シテ送迎セシムヘシ

第八条　入園ノ小児ハ保育料トシテ一カ月金二十五銭ヲ収ヘシ
　　　但シ貧困ニシテ保育料ヲ収ムル能ハサルモノハ其旨申出ツヘシ事実ヲ訊問シテ後コレヲ許可スルコトアルヘシ

第九条　入園ノ小児ハ年齢ニ由リコレヲ分カツテ三組トス
　　　但シ満五歳以上ヲ一ノ組トシ満四歳以上ヲ二ノ組トシ満三歳以上ヲ三ノ組トス

第十条　小児保育ノ時間ハ毎日四時トス
　　　但シ当分ノ間保育時間内ト雖モ小児ノ都合ニ由リ退園スルモ妨ケナシトス

第十一条　小児在園ノ時間ハ六月一日ヨリ九月十五日マテ午前第八時ヨリ正午十二時ニ至リ九月十六日ヨリ五月三十一日マテ午前第九時ヨリ午後第二時ニ至ル

第十二条　年中休日ハ紀元節　天長節　日曜日及ヒ夏期七月十六日ヨリ八月三十一日マテ冬期十二月廿五日ヨリ一月七日マテトス
　　　但シ臨時ノ休日ハ其時々掲示スヘシ

図4-1　東京女子師範学校附属幼稚園規則

出所：日本保育学会著『日本幼児保育史　第1巻』1968年、フレーベル館。

ヲ統摂ス故ニ学校幼穉園書籍館等ハ公立私立ノ別ナク皆文部卿ノ監督内ニアルヘシ」と定め、幼稚園を学校と区別して取り扱っている。また、翌1880年には、教育令に基づき、文部省は幼稚園の設置・廃止・認可について、① 公立幼稚園を設置あるいは廃止しようとするものは府県事県令の認可を経ること、②

私立幼稚園を設置あるいは廃止するものは府知事県令に開申すること、③ 公立幼稚園の保育料は文部卿の認可を経ること、私立幼稚園の保育法は府知事県令に開申すること、を布達した。同年12月には教育令が改正され、前述の布達の内容が本文中に取り入れられ、① 府県立幼稚園の設置、廃止は文部卿の認可を受けること、② 町村立幼稚園の設置、廃止は府知事県令の認可を受けること、③ 私立幼稚園の設置は府知事県令の認可を受け、その廃止は府知事県令に開申すること、④ 町村立幼稚園・私立幼稚園の設置、廃止の規則は、府知事県令が起草して文部卿の認可を受けること、と定められた。この年の幼稚園の普及状況は、国立1園、公立3園、私立1園の計5園で、幼児数は、国立105人、公立311人、私立10人の計426人であった[2]。幼稚園が普及しなかった背景として、柿岡は、この頃の小学校就学率が全国平均38％であったこと、最初の幼稚園である東京女子師範学校附属幼稚園の施設設備が充実しており、幼稚園の設置・運営には多額の費用を要するという印象を持たれたこと、さらに、附属幼稚園の保育料である月額25銭を支払ってまで就園させる必要はないと一般国民が感じていたことが影響しているのではないかと言及している（柿岡、2005、16）。実際、開園当初の附属幼稚園では、園児は上流階級の子どもが大部分を占めていたことからも多くの国民は子どもを幼稚園に就園させる必要を感じていなかったことが窺える[3]。

　1882年頃になると、経済が悪化し、国民の生活も困窮し、貧民力役者として子どもの養育をのがれて生産に専念させることまで考えなければならなくなった（日本保育学会、1968、197）。そこで、文部卿は、規模が大きく都会でないと設置しにくかった文部省直轄の幼稚園ではなく、各府県の学務課長に、もっと簡易な県政の幼稚園を設置し、貧民力役者等の子どもで父母がその養育を顧みる暇のない者を入れるようにすべきであるとして簡易幼稚園を奨励した。さらに、1884年には、府県に対して、「学齢未満ノ幼児ヲ学校ニ入レ学齢児童ト同一ノ教育ヲ受ケシムルハ甚害不尠候条右幼児ハ幼稚園ノ方法ニ因リ保育候様取計フヘシ此旨相達候事」という文部省達を発し、学齢未満の幼児を小学校に就学させることを禁止し、簡易な幼稚園の施設を奨励した。この簡易幼稚園の奨励は、簡易に幼稚園を新設しやすくなったとされているが、日本保育学会は、「すでに不況の影響は地方の教育費を削減させなければならない事態におちこませて

おり、義務就学でさえ明治16年をピークとして明治20年までは就学率を減少させねばならなかった頃である」（日本保育学会、1968、198）と指摘しており、さらに、保姆養成が簡易幼稚園の奨励に伴っていなかったことも問題というべきであると言及している（同）。しかし、その後、幼稚園は着実に数を増やしていき、1897年には200園を越える幼稚園が設置された。その結果、幼稚園を制度化する要望が強くなり、1899年に幼稚園の編制、組織、保育項目などについて規定した「幼稚園保育及設備規程」が公布された。その後、さらに幼稚園が増え続けたことから、制度面の充実を求める声が強くなり、1926年に文部省は幼稚園についての勅令「幼稚園令」を制定し、日本ではじめて幼稚園に関して独立した勅令が公布され、同日に「幼稚園令施行規則」も規定された。

（2）幼稚園制度の展開

戦後、連合国軍総司令部（GHQ）の占領開始によって、軍国主義、極端な国家主義の教育を排除し、民主主義の社会建設を目指した教育改革の遂行が余儀なくされた。1947年には「教育基本法」、さらに、「学校教育法」が制定された。学校教育法第1条では、「この法律で学校とは、小学校、中学校、高等専門学校、盲学校、聾学校、養護学校及び幼稚園とする」と示され、幼稚園が学校教育機関の1つとして位置付けられた。これにより、幼稚園が開設した当初、幼稚園は上流階級の子どものための教育機関とみられていたが、広くすべての国民の子どもに対して、ひとしく開放される教育機関として位置付けられた。

1947年に制定された学校教育法第79条では、「幼稚園の保育内容に関する事項は、前2条の規定に従い、監督庁が、これを定める」と規定されており、さらに、同年に制定された「学校教育法施行規則」の第75条には「保育日数及び保育時数は、保育要領の基準により、園長が、これを定める」とある。この結果、文部省は、幼稚園を運営する際の基本指導書を作成するための幼児教育内容調査委員会を発足させ、1948年に「保育要領——幼児教育の手引き——」を刊行した。この保育要領は、小学校の学習指導要領にあたるものであり、保育内容の基準を示しているものであったが、あくまでも参考になる手引き書的性格の試案であり、法的な拘束力があるものではなかった（宍戸、渡邉、木村、西川、上月、2010、26）。この保育要領は、幼稚園のみならず、保育所や家庭にお

ける保育にも役立つものとして編集されている[5)]。保育要領「まえがき」の冒頭には、「昔から、わが国には子供をたいせつにする習慣があるといわれているが、よく考えてみると、ほんとうに幼い子供たちにふさわしい育て方や取り扱い方が普及していたとはいえないであろう。今、新しい日本を建設しようとするときに当たって、幼児の育て方や取り扱いについて根本から反省をし、学理と経験にもとづいた正しい保育の仕方を普及徹底して、国の将来をになう幼児たちを心身ともに健やかに育成していくことに努めなければならない」と記されている。手引き書的性格である保育要領であったが、「正しい保育の仕方を普及徹底」すること、「国の将来をになう幼児たちを心身ともに健やかに育成していくこと」との記述から、子どもの成長を大切に見守るだけではなく、乳幼児期にふさわしい、必要な教育を受ける重要性を唱えていると言えるのではないかと考える。

　1956年には、保育要領の実施後の経験と、研究の結果、さらに、現場からの要望に応えて、幼稚園教育内容に関する新たな国家的基準を示すものとして、「幼稚園教育要領」が作成された。保育要領が、幼稚園だけではなく、保育所や家庭での保育の参考にもなる手引き書的性格をもっていたのに対し、幼稚園教育要領はその名の通り、幼稚園教育に限った基準を示すものとして編集された。幼稚園教育要領（以下「教育要領」と略）では、保育要領では12項目から示されていた保育内容が、「健康」、「社会」、「自然」、「言語」、「音楽リズム」、「絵画制作」の6領域の教育内容に整理され、また、その領域ごとに「幼児の発達上の特質」および、それぞれの内容領域において予想される「望ましい経験」を示した。

　1964年の改訂では、学校教育法施行規則第76条が「幼稚園の教育課程については、この章に定めるもののほか、教育課程の基準として文部大臣が別に公示する幼稚園教育要領によるものとする」と改正されたことを受け、文部省告示として公示することとされ、教育課程の基準としての性格が明確化された。その後、1989年、1998年、2008年と10年ごとの改訂がなされ、2017年に新たな教育要領が告示された。

2 ┃ 幼稚園制度における教育

（1）幼稚園教育の内容

　前述したとおり、日本で最初の幼児教育内容に関する全国的基準として示された保育要領では、現在の幼児教育に通ずる点があると考えられる。早瀬眞喜子、山本弥栄子は、保育要領の現代的意義として以下の3点に要約できるとしている。「第1は、本要領が幼稚園だけでなく、保育所も対象にしたものであること」、「第2は、本要領の保育内容は、六、幼児の保育内容を12項目として、幼児の活動を中心にまとめられていることである」、「第3に、本要領は保護者も対象としたものとして、父母の教育、父母教育の指針を明示し、父母教育は、幼稚園や保育所の任務の一つとしていることである」（早瀬、山本、2016、375-376）。

　2006年に教育基本法が60年ぶりに改正され、その第11条に幼児期の教育として「幼児期の教育は、生涯にわたる人格形成の基礎を培う重要なものであることにかんがみ、国及び地方公共団体は、幼児の健やかな成長に資する良好な環境の整備その他適当な方法によって、その振興に努めなければならない」と明記された。保育要領の「まえがき」には、「人の一生における幼児期の重要性、（中略）この時期において人間の性格の基本的な型がだいたい決まることを証明している。この期の子供たちに対して適切な世話や教育をしてやるかどうかが、その子供の一生の生き方を決めるばかりでなく、望ましい社会の形成者として、生きがいのある一生をおくるかどうかの運命の分かれみちになる。（中略）この期においてどんな環境で生活したか、どんな指導・教育を受けたか大きな影響を持つのであって、こうした幼児期における教育の重要性が、ともすれば今までは見のがされてきたのである」と明記されており、教育基本法に新たに記載された「人格形成の基礎を培う」に通ずるものがあるのではないだろうか。また、教育基本法の改正を受けて、2007年に改正された学校教育法では、第22条に「幼稚園は、義務教育及びその後の教育の基礎を培うものとして、幼児を保育し、幼児の健やかな成長のために適当な環境を与えて、その心身の発達を助長することを目的とする」と幼稚園の目的が示されている。これに伴い、教育

要領も改訂され、第1章総則第1幼稚園教育の基本として、「幼児期における教育は、生涯にわたる人格形成の基礎を培う重要なものであり、幼稚園教育は、学校教育法第22条に規定する目的を達成するため、幼児期の特性を踏まえ、環境を通して行うものであることを基本とする」との記載がなされた。2017年3月に新たな教育要領が告示され、2018年4月から施行されたが、幼児園教育の基本は変わらず引き継がれている。

　保育要領に戻って保育の内容を振り返ってみると、保育要領では、「六　幼児の保育内容──楽しい幼児の経験──」として12項目（見学、リズム、休息、自由遊び、音楽、お話、絵画、製作、自然観察、ごっこ遊び・劇遊び・人形芝居、健康保育、年中行事）が設定されている。これは、保育要領作成のための幼児教育内容調査委員会を指導したとされる、CIE（民間情報教育局）の初等教育担当のヘレン・ヘファナン（Heffernan, H.）の意見のもとに作成したとされている（宍戸、渡邉、木村、西川、上月、2010、29）。この12項目の中でも特に注目するのは、「自由遊び」についてである。自由遊びとは、「子供たちの自発的な意志にもとづいて、自由にいろいろの遊具や、おもちゃを使って生き生きと遊ばれる遊び」と記されており、また、「そこでは活ぱつな遊びのうちに自然にいろいろの経験が積まれ、話し合いによって観察も深められ、くふうや創造が営まれる。また自分の意志によって好きな遊びを選択し、自分で責任を持って行動することを学ぶ。子供どうしの自由な結合からは、友愛と協力が生まれる」との記述が続いている。戦前の幼稚園令施行規則では、保育項目は5項目（遊戯、唱歌、観察、談話、手技）とされており、小学校の教科のように受け取られることもあったとされているが、保育要領では「自由遊び」の項目に見られる通り、それを否定する内容に変わったとされている。その後、保育要領は、「教育要領」となり、幼稚園教育に限った基準を示すものとして編集され、幼稚園教育の内容は6領域に整理されたことは先にも述べた通りである。ここでは、さらに、「ここに注意しなければならないことは、幼稚園教育の内容として上にあげた健康・社会・自然・言語・音楽リズム・絵画製作は、小学校以上の学校における教科とは、その性格を大いに異にするということである。幼稚園の時代は、まだ、教科というようなわくで学習させる段階ではない。むしろこどものしぜんな生活指導の姿で、健康とか社会とか自然、ないしは音楽リズムや絵画製作で

ねらう内容を身につけさせようとするのである。したがって、小学校の教科指導の計画や方法を、そのまま幼稚園に適用しようとしたら、幼児の教育を誤る結果となる」と小学校の教科とは異なることが強調して記されている。しかし、同時に、幼稚園の保育内容については、小学校との一貫性をもたせるようにしたことや、小学校の教育課程を考慮して指導計画を立てることが示されており、幼稚園教育を小学校教育の準備教育と考えたり、6領域を小学校の教科のように捉えて指導したりと現場の保育に混乱が生じていた（岡田、久保、坂元、宍戸、鈴木、森上、1980、36）。このような混乱が生じていたこともあり、1964年に告示された教育要領では、各領域で原則的として幼稚園修了までに幼児に指導することが望ましいねらいを示し、それらのねらいは、相互に密接な連絡があり、幼児の具体的、総合的な経験や活動を通して達成されるものであることが明記された。その後、1989年告示の教育要領では、第1章総則として、幼稚園の教育は、幼児期の特性を踏まえ、環境を通して行うものであることを基本とし、① 幼児は安定した情緒の下で自己を十分に発揮することにより発達に必要な体験を得ていくものであることを考慮して、幼児の主体的な活動を促し幼児期にふさわしい生活が展開されるようにすること、② 幼児の自発的な活動としての遊びは、心身の調和のとれた発達の基礎を培う重要な学習であることを考慮して、遊びを通しての指導を中心として第2章に示すねらいが総合的に達成されるようにすること、③ 幼児の発達は、心身の諸側面が相互に関連し合い多様な経過をたどって成し遂げられていくものであること、また幼児の生活経験がそれぞれ異なることなどを考慮して、幼児1人1人の特性に応じ発達の課題に即した指導を行うようにすること、を重視して教育を行うことが「幼稚園教育の基本」として示された。この内容は、1998年、2008年、さらに、2017年に告示された教育要領でも引き続き明記されている。

　2017年告示の教育要領では、「幼稚園教育において育みたい資質・能力及び『幼児期の終わりまでに育ってほしい姿』」が新たに加えられた。これは、同時に告示された「保育所保育指針」、「幼保連携型認定こども園教育・保育要領」の中でも同様に明記されている。これによって、幼児期にふさわしい幼児教育の共通部分は明確にし、日本の未来を担うであろう子どもの教育は、通う園（施設）によって変わるのではなく、同様にしていかなければならないと強調さ

(2) 幼稚園における「預かり保育」

　2007年に学校教育法が改正され、第24条に「幼稚園においては、第22条に規定する目的を実現するための教育を行うほか、幼児期の教育に関する各般の問題につき、保護者及び地域住民その他の関係者からの相談に応じ、必要な情報の提供及び助言を行うなど、家庭及び地域における幼児期の教育の支援に努めるものとする」の事項が新設され、幼稚園の役割として子育て支援が位置付けられた。これに先立ち、1997年から私立幼稚園に対して「預かり保育推進事業」として私学助成を措置する動きがあった。1998年には、教育要領が改訂され、「地域の実態や保護者の要請により、教育課程に係る教育時間の終了後に希望する者を対象に行う教育活動（以下「預かり保育」と略）については、適切な指導体制を整えるとともに、第１章に示す幼稚園教育の基本及び目標を踏まえ、また、教育課程に基づく活動との関連、幼児の心身の負担、家庭との緊密な連携などに配慮して実施すること」と預かり保育に関しての記述がなされた。その後、2008年告示の教育要領では、「第３章　指導計画及び教育課程に係る教育時間の終了後等に行う教育活動などの留意事項」が新たに明記された。さらに、2017年告示の教育要領では、「第３章　教育課程に係る教育時間の終了後等に行う教育活動などの留意事項」として、預かり保育と子育て支援に関することについてのみ記載をした新たな章が設けられた。時代とともに幼稚園における預かり保育はより一層必要な活動になってきていると言える。

　文部科学省が実施した「平成26年度幼児教育実態調査」によると、預かり保育を実施している幼稚園（2014年６月１日現在）は全体の82.5％（公立：60.9％、私立：95％）であった。預かり保育を実施している幼稚園のうち、預かり保育を行う条件を設定している幼稚園は全体の39.0％（公立：66.2％、私立：29.0％）であり、その中でも最も高い割合の条件は「保護者の就労」で全体の92.8％（公立：84.3％、私立：100％）であった。また、預かり保育の実施日数を見てみると、長期休業中以外の実施状況としては、平日は毎日（月～金曜日）実施している幼稚園が最も多く（図４-２参照）[7]、土曜日の実施に関しては、実施しない園が最も多い結果となっている（図４-３参照）[8]。

第4章　幼稚園制度の改革　59

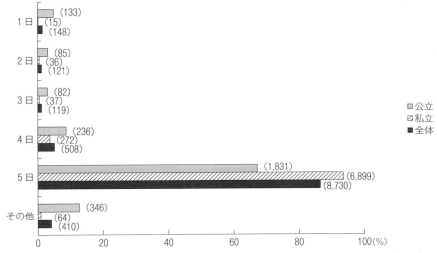

図4-2　長期休業中以外の預かり保育の週当たりの平均実施日数の割合（平日）
注：（　）内の数値は人数を示す
出所：文部科学省初等中等教育局幼児教育課「平成26年度幼児教育実態調査」2015年10月

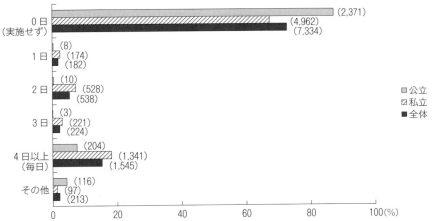

図4-3　長期休業中以外の預かり保育の月当たりの平均実施日数の割合（土曜日）
注：（　）内の数値は人数を示す
出所：文部科学省初等中等教育局幼児教育課「平成26年度幼児教育実態調査」2015年10月

預かり保育の実施によって、留意しなくてはならない事項として、子どもが幼稚園で過ごす時間と預かり保育を利用する頻度である。預かる時間が長く、また、その利用頻度が高い子どもには、その子どもに合った幼稚園での過ごし方を考える必要が出てくる。幼稚園の預かり保育では「午睡」は義務付けられていないが、子どもの生活リズムに応じて必要であれば、午睡を計画することも必要である。それと同時に、午睡ができる環境を整えることも必要になる。さらに、幼稚園で過ごす時間が長く、その日数が多い子どもは、家庭や地域での体験が少なくなるため、必要に応じて子どもの体験を補う活動も計画する必要があると言える。汐見稔幸は、経済的困難による子どもの貧困のみならず、「親のかかわりが薄いために陥る体験不足と知的育ちへの刺激不足」による「体験の貧困」についても指摘している（汐見、2017、60-61）。汐見は、これらは保育所の子どもの実態として述べているが、預かり保育の状況によっては、幼稚園でも同様のことが起こりうるのではないかと考える。

　幼稚園における預かり保育は、教育課程と同様に大切な教育活動であることを忘れてはならない。そのため、教育課程と同じように、計画を立てた上での実施であること、また、責任をもって実施することが欠かせない活動である。ただ、子どもを預かるというだけではなく、幼稚園で過ごす子どもの1日を見通した計画・実施が求められる。また、教育活動として実施している預かり保育への保護者の理解も促していく必要がある。無藤は、「もしも保護者の中に、仕事が終わるまで預かってもらう時間、という意識をもっている人がいたならば、教育課程の時間が終わった後も、子供の豊かな育ちを保障する生活（教育活動）が行われているのだということを、しっかりと伝え、理解してもらう必要があります。保護者が、これらの教育活動を理解することにより、子供との関わり方について理解を深めることができ、家庭教育の充実にもつながっていくのです」と述べている（無藤、2017、155）。預かり保育の実施が、単に保護者のニーズに応えるためのものだけにならず、子どもが育つ家庭の支援にもつながることを意識した実施体制を整えていくことが幼稚園の大事な役割になっていると言えるのではないだろうか。

3 │ これからの幼稚園制度

（1）幼稚園から見る新制度

　2015年4月「子ども・子育て支援新制度（以下「新制度」略）」は、幼児期の教育の「量」の拡充と、「質」の向上を進め、子育てを社会全体で支えていくことを目的としてスタートした。新制度の実施にあたり、私立幼稚園は、新制度に移行するか、引き続き現行の私学助成等を受けるかの選択を迫られる事態となった。また、新制度に移行する場合は、幼稚園のまま移行をするのか、認定こども園（幼保連携型または幼稚園型）となるか等の選択を行うことも必要になり、さらに、これまで実施してきた幼稚園での預かり保育についても、新制度に移行する幼稚園については、「一時預かり事業（幼稚園型）」により実施することが基本とされた。これまで幼稚園が実施してきた預かり保育は、幼稚園に通う子どもを対象として実施されていたのに対し、新しく創設された一時預かり事業（幼稚園型）では、地域の子どもも受け入れ可能となった。しかし、この新制度がスタートして以降、待機児童は年々、増加の傾向にある。[8]新制度の目的の1つである「量」を拡充して待機児童を解消するという計画は大きく予想を外れる結果となった。そこで、2016年に、厚生労働省が「『待機児童解消に向けて緊急的に対応する施策について』の対応方針について」の通知を出す事態となった。これにより、幼稚園でも待機児童の受け入れを要請が出され、主として0～2歳児を地域の実情に応じて積極的に対応をしていくことが求められた。さらに、2017年6月には、「子育て安心プラン」が策定され、2018年度から本格的に実施されることとなった。この子育て安心プランでは、幼稚園における2歳児以降の待機児童の受け入れをさらに推進するため、①一時預かり事業（幼稚園型）を活用した2歳児の受け入れの推進、②認定こども園への移行促進および小規模保育事業等の実施促進、③預かり保育の長時間化・通年化の推進が挙げられている。文部科学省が発表した「子育て安心プランにおける幼稚園としての対応の方向性」では、これまでの取り組みの成果として、「幼稚園から認定こども園への移行により約17万人分（推計）の保育の受け皿を確保した」こと、「幼稚園児に対する預かり保育の推進により、3歳以上の待

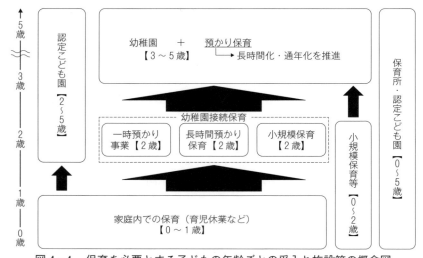

図4-4 保育を必要とする子どもの年齢ごとの受入れ施設等の概念図
出所：文部科学省「幼稚園における待機児童の受入れ及び公立中学校の余裕教室等の保育所への活用プランについて（子育て安心プラン）」2017年。

機児童の抑制・減少に寄与した」ことを挙げ、これからは、「待機児童の7割以上を占める1・2歳児の受け皿の確保が喫緊の課題」であること、「今後、育児休暇の最長2年への延長や働き方の多様化により、2歳児以降の保育ニーズが更に増大・多様化することを見込み」、「幼稚園が2歳児を中心とした待機児童の受け入れをより一層推進」していくことが必要だとしている（図4-4参照）。

新制度がスタートしてわずか数年のうちに、幼稚園の在り方は変化を余儀なくされてきた。その要因としては、女性の社会進出の増加、共働き家庭の増加等、親の就労状況が変化から生じた待機児童の問題が挙げられるだろう。しかしながら、幼稚園における子育て支援の役割は、待機児童解消だけではない。1998年告示の教育要領から、幼稚園は「幼児期の教育のセンター」としての役割を果たすことについて記載がなされている。2017年告示の教育要領では、その記載が強調され、「地域における幼児期の教育のセンターとしての役割を果たすよう努めるものとする」となり、さらに、「その際、心理や保健の専門家、地域の子育て経験者等と連携・協働しながら取り組むよう配慮するものとす

る」と新たに付け加えられた。待機児童の問題ばかりに注目されがちだが、幼稚園が果たす子育て支援の役割について今一度、見直す必要があるのではないだろうか。

(2) 幼稚園制度改革の課題

前述したとおり、これからの幼稚園では、待機児童の解消に向けた取り組みが必要であること、また、幼稚園における子育て支援については、専門機関や地域の人々との連携・協働が重要視されるようになった。

塩野谷斉は、「幼稚園や保育所において、保育者が園外の社会資源の存在をよく知ってそれらを活用し連携することの意義は決して小さくない。保育ソーシャルワークの必要性である。その前提として、保育士はもちろん、たとえ幼稚園教諭であっても、福祉職的な働きを担える力量が必要になる」（塩野谷、2014、86）と述べている。また、北野幸子は、「家庭・地域との連携に関する保育ソーシャルワークには、子ども、そして、保護者、地域住民が主体となり、また、保育者が主体となることが望ましいと考える」（北野、2014、59）と述べている。このことからも、今後の幼稚園制度には、保育ソーシャルワークの機能が欠かせないものになるのではないかと考える。

保育ソーシャルワークとは、伊藤良高によると、「子どもと保護者の幸福のトータルな保障に向けて、そのフィールドとなる保育実践及び保護者支援・子育て支援にソーシャルワークの知識と技術・技能を応用しようとするものである」（伊藤、2014、26）であるとしている。子どもと保護者の幸福のトータルの保障は、社会全体で取り組むことが望まれる。そのために、まずは、保育者が保育ソーシャルワークについて理解を深めること、そして、今後の幼稚園として保育ソーシャルワークの視点を含めた在り方を広く社会に情報発信していくことが期待される。

おわりに

日本で最初の幼稚園が誕生してから既に140年以上が経過している。幼稚園開設当初からしばらくの間は、幼稚園は小学校の陰に隠れ、その発展に後れを

取ってきた事実がある。しかしながら、当時の関係者たちの間では幼児期の教育こそが重要であることを力強く国民に訴えかけてきた。2001年に経済協力開発機構（OECD）が報告した「Starting Strong（人生の始まりこそ力強く）」に代表されるとおり、現在では、乳幼児期の教育こそが重要であるとの研究結果が次々と明らかになっている。

今日では、待機児童の問題から幼児期の教育への関心が高まっているが、2017年告示の教育要領では、さらなる幼児教育の質の向上が望まれていると同時に、子育てを取り巻く社会環境の変化に対応する必要性もますます浮き彫りになってきた。次代の人材育成として子どもを守り、育てることに加え、その子どもが生活する家庭の支援、保護者への支援の重要性も叫ばれている。そのような中で、保育ソーシャルワークの機能が大いに生かされることは明確ではないかと考える。

注
1) 1879年4月に鹿児島に開設された「鹿児島女子師範学校附属幼稚園（鹿児島幼稚園）」は東京女子師範学校附属幼稚園の保母であった豊田芙雄が鹿児島に招かれて、その指導のもとに開設された。同年5月に開設された「大阪府立模範幼稚園」は大阪府から派遣された氏原鋹と木村末が東京女子師範学校附属幼稚園で保育方法を学んで帰り、その後開設された幼稚園である。
2) 文部科学省「学制百年史　五　幼稚園の創設」による数値である。
3) 園児には、小松宮家をはじめとして、三条・岩倉・徳大寺・徳川といった貴族の子どもや西郷隆盛の弟従道、大正天皇の妃である貞明皇后など高級官僚の子どもが大半を占めたとされている。
4) 幼児教育調査委員会には、倉橋惣三、山下俊郎、内藤寿七郎、功力嘉子らがおり、文部省の坂元彦太郎、厚生省の副島ハマなども加わっていた（宍戸、渡邉、木村、西川、上月、2010、26）。
5) 1948年に刊行された「保育要領」の「まえがき」の最後には、「幼児のことに関心を持っている教師や保母や母親たちが、心から幼児に対する深い愛情に燃え、幼児のために天国のように暖かく楽しい環境をととのえようとする熱意に満たされていることが、いっさいの根本であることはいうまでもない」と示されている。また、「五　幼児の一日の生活」では、「1　幼稚園の一日」、「2　保育所の一日」、「3　家庭の一日」が記されている。
6) ここでの改訂は、2008年告示、2009年施行した幼稚園教育要領の改訂である。
7) 図4-2、図4-3は、文部科学省の「『平成26年度幼児教育実態調査』の結果について」の資料を基に作成をした。なお、この調査は2年に1度実施されていたが、平成28

年度は、保育所・こども園と一体とした調査を設計するため、廃止されている。また、母数は預かり保育実施園数（公立：2724園、私立：7369園、合計：１万0093園）であり、括弧内は実施園数である。
8) 厚生労働省が発表した「保育所等関連状況取りまとめ（平成29年４月１日）」によると、待機児童数は、新制度がスタートした2015年は２万3167人であり、2016年は２万3553人、2017年は２万6081人と増加している。
9) 同上の発表によると、2017年の１・２歳児の待機児童数は、１万8712人（71.7％）であった。
10) 2017年10月より育児休業給付金の支給期間が２年まで延長された。

引用・参考文献

伊藤良高（2014）「保育制度・経営論としての保育ソーシャルワーク」日本保育ソーシャルワーク学会編『保育ソーシャルワークの世界――理論と実践――』晃洋書房。

大岡紀理子（2009）「近代日本における幼稚園制度と保姆養成制度の成立過程」『早稲田大学大学院教育学研究科紀要』別冊17号１。

岡田正章・久保いと・坂元彦太郎・宍戸健夫・鈴木清次郎・森上史朗（1980）『戦後保育史　第一巻』フレーベル館。

岡田正章・久保いと・坂元彦太郎・宍戸健夫・鈴木清次郎・森上史朗（1980）『戦後保育史　第二巻』フレーベル館。

柿岡玲子（2005）『明治後期幼稚園保育の展開過程――東基吉の保育論を中心に――』風間書房。

上笙一郎・山崎朋子（1976）『日本の幼稚園――幼児教育の歴史――』理論社。

北野幸子（2014）「保育者と家庭・地域との連携に関する保育ソーシャルワーク」日本保育ソーシャルワーク学会編前掲載書。

厚生労働省、【平成29年10月１日施行対応】育児・介護休業法のあらまし、2017年８月、（http://www.mhlw.go.jp/bunya/koyoukintou/pamphlet/34.html、2017年11月25日最終確認）。

国立政策研究所、「学習指導要領データベース」、2014年12月26日、（https://www.nier.go.jp/guideline/、2017年11月24日最終確認）。

塩野谷斉（2014）「保育実践と保育ソーシャルワーク」日本保育ソーシャルワーク学会編前掲書。

汐見稔幸（2017）『さあ、子どもたちの「未来」を話しませんか』小学館。

宍戸健夫・渡邉保博・木村和子・西川由紀子・上月智晴編（2010）『保育実践のまなざし――戦後保育実践記録の60年――』かもがわ出版。

宍戸健夫（2014）『日本における保育園の誕生――子どもたちの貧困に挑んだ人びと――』新読書社。

日本保育学会（1968）『日本幼児保育史　第一巻』フレーベル館。
日本保育学会（1968）『日本幼児保育史　第二巻』フレーベル館。
日本保育学会（1969）『日本幼児保育史　第三巻』フレーベル館。
日本保育学会（1971）『日本幼児保育史　第四巻』フレーベル館。

日本保育学会（1974）『日本幼児保育史　第五巻』フレーベル館。
日本保育学会（1975）『日本幼児保育史　第六巻』フレーベル館。
早瀬眞喜子・山本弥栄子（2016）「幼稚園教育要領・保育所保育指針の変遷と保育要領を読み解く」『プール学院大学研究紀要』第57号。
向平知絵（2010）「保育制度の成立過程に関する一考察──戦後幼稚園制度を中心に──」京都女子大学『現代社会研究科論集』第04号。
無藤隆（2017）『幼稚園教育要領ハンドブック』学研教育みらい。
無藤隆（2017）『3法令改訂（定）の要点とこれからの保育』チャイルド本社。
文部科学省、学制百年史、1981年9月5日（http://www.mext.go.jp/b_menu/hakusho/html/others/detail/1317552.htm、2017年11月25日最終確認）。
文部科学省、「平成26年度幼児教育実態調査」の結果について、2015年10月（http://www.mext.go.jp/b_menu/houdou/27/10/1363377.htm、2017年11月25日最終確認）。
文部科学省、幼稚園における待機児童の受入れ、2016年4月（http://www.mext.go.jp/a_menu/shotou/youchien/1370164.htm、2017年11月25日最終確認）。
文部科学省、幼稚園における待機児童の受入れ及び公立中学校の余裕教室等の保育所への活用について（子育て安心プラン）資料1、2017年10月（http://www8.cao.go.jp/kisei-kaikaku/suishin/meeting/wg/hoiku/20171006/171006hoiku01.pdf、2017年11月29日最終確認）。

第5章
認定こども園制度の改革

Ⅰ はじめに

　日本の保育制度上において、「認定こども園」というあまり聞きなれないワードが広がりを見せるようになってからしばらく経った。これまでは、保育所、幼稚園といった関係法令の基準をクリアした「認可」保育施設が、いわば正系の保育制度として位置付けられてきたが、「認可」ではなく「認定」であり、また、「保育」あるいは「幼稚」といった保育・幼児教育界の伝統的な名称を用いない同施設は、保育制度の一翼をなすものとして、近年、「急速」な勢いで増えつつある。その大きな契機となったものが、2015年4月から施行された「子ども・子育て支援新制度」である。そこでは、国の文書において、例えば、「幼稚園及び保育所からの認定こども園への移行を促進することで、質の高い幼児期の学校教育・保育の総合的な提供を一層促進する」(文部科学省、2013) と述べられるなど、「幼児教育の充実」に向けた鍵的な存在として位置付けられている。そして、これからの保育制度として、もはや、「認定こども園の時代」であると唱える人たちまで現れてきている。

　本章では、認定こども園制度の改革をめぐる動向と課題について、保育ソーシャルワークの視点から検討しようとするものである。その構成は、以下のようになる。まず、認定こども園制度の成立と展開の過程について概観する。次に、認定こども園制度の現状と問題点について明らかにする。そして、最後に、保育ソーシャルワークから見た認定こども園制度改革の課題について提起しておきたい。

1 ｜ 認定こども園制度の成立と展開

（1）認定こども園制度の成立

　日本の保育制度において、認定こども園が制度として成立したのはいつのことであろうか。この点については、いくつかメルクマールを挙げることができるが、一般的には、2006年6月、「認定こども園」に係る制度を設けることなどを内容とする「就学前の子どもに関する教育、保育等の総合的な提供の推進に関する法律」（以下「2006年認定こども園法」という）が公布されたことがそのスタートとなったと見なすことができよう（施行は、同年10月）。2006年認定こども園法は、その目的を、「幼稚園及び保育所等における小学校就学前の子どもに対する教育及び保育並びに保護者に対する子育て支援の総合的な提供を推進するための措置を講じ、もって地域において子どもが健やかに育成される環境の整備に資する」（第1条）と規定し、具体的には、① 幼稚園及び保育所のうち、就学前の子どもに対する教育及び保育を一体的に提供するとともに、地域における子育て支援事業を行うものは、認定こども園の認定を受けることができるものとし、当該認定の基準は、文部科学大臣と厚生労働大臣とが協議して定める基準を参酌して都道府県の条例で定めること、② 幼稚園と保育所とが一体的に設置される認定こども園について、同幼稚園・保育所の設置者が学校法人または社会福祉法人のいずれであっても、児童福祉法・私立学校振興助成法に基づく助成対象とできるよう、これらの法律の特例を規定すること、などが示された。

　国の資料によれば、認定こども園制度は、「幼稚園と保育所の良いところを活かしながら、その両方の役割を果たすことができるような新しい仕組み」、「幼稚園と保育所の制度のすき間にいろいろ生じている問題について、そこを埋めるやり方」などと位置付けられ、同施設に幼稚園と保育所を一元化するというよりも、幼稚園と保育所をベースにもう1つ選択肢を増やすということに力点が置かれていた（伊藤、2015a、83）。すなわち、制度の枠組みとしては、幼稚園と保育所の「連携強化」「一体化」「総合化」などをキーワードに、幼稚園でも保育所でもない第3の施設類型を新たに設けるのではなく、幼稚園・保育

所それぞれの果たすべき機能に注目して構想されたことが大きな特徴であった／はずであった。

認定こども制度創設に至る経緯を振り返れば、1990年代末以降、国レベルにおける都市部中心の待機児童解消をスローガンに、種々な規制緩和策が展開されるなかで、2003年6月に発表された経済財政諮問会議「経済財政運営と構造改革に関する基本方針2003」が、新しい児童育成のための体制整備として、地域のニーズに応じ、就学前の教育・保育を一体として捉えた一貫した総合施設の設置を提案したことがその発端となっている。翌年3月には、総合規制改革会議「規制改革・民間開放推進3か年計画」のなかで、総合施設の実現に向けて、2005年度に試行事業を先行実施し、2006年度から本格実施するとの提案がなされた。文部科学省・厚生労働省は暫し抵抗、反対の姿勢を見せていたが、最終的には同施設の創設を認めるに至った。そして、2005年度から「総合施設モデル事業」（当初全国36施設、後、35施設）が展開され、教育・保育内容、職員配置、施設設備、職員資格の在り方などが検討事項とされた。2006年認定こども園法が施行される同年秋には、全国で約1000施設の誕生が見込まれていたが、予想は大きくはずれ、2007年4月1日現在の認定件数は、30都道府県・94園にとどまった。この点について、もともとの制度の趣旨が、「地域が自主性をもって地域の実情や親の幼児教育・保育のニーズに適切かつ柔軟に対応できるようにするための新たなサービス提供の仕組みを提示するもの」（文部科学省・厚生労働省、2004）であり、既存施設からの転換や既存施設の連携を含め、「積極的に施設の新設を意味するものではない」と説かれていたことからすれば、当然ともいえる結果であった。

こうした保育制度改革の背景となっていたものは何であろうか。村山祐一の言葉に従えば、それは、「保育ニーズの多様化への対応や保育所活用など少子化対策、待機児童解消策などを全面に押し出しつつ、内容的には規制緩和・構造改革政策の推進・加速化による子育て関連予算の抑制策として進められた」（村山、2016、66）ものであり、「規制緩和による財政効率化と市場原理の導入の視点から、保育制度全般の再編制を推し進め始め」（同上）ようと企図するものであったといってよい。実際、認定こども園制度創設をめぐる動きとして、少子化と過疎化の進行により、自治体レベルにあって、幼稚園と保育所の一体的

な施設（幼保一体化施設）の設置・運営が多様なかたちでなされつつあったが、「何ゆえ今更ながらその設置を主張するのか、その意図さえも定かではない」（秋川、2005、35）と批判されるほど、認定こども園構想は、十分に時間をかけた議論や事例の慎重な検証を経ず、制度設計としては、きわめて曖昧なまま強引に進められていった（伊藤、2015a、75）。

　そうした状況は、保育・幼児教育関係者に大きな混乱をもたらすことになった。ある施設経営者は、以下のように振り返っている。「総合施設に選ばれた園だからといって、具体的にどのように進めていくかは、地域によっても、また設置形態によっても実態が大きく異なり、総合施設モデル事業といっても、その運営に戸惑いを感じている設置者や園長は多かった」（渡辺、2016、266）。なぜ、このような事態を招来させてしまったのであろうか。そこには、村山のいう「規制緩和による財政効率と市場原理の導入」という側面からだけでは見えてこない背景があった／あることを確認しておかねばならない。

（2）認定こども園制度の展開

　特定非営利活動法人全国認定こども園協会は、制度創設後の数年間の動向について、「私たちは『幼保の一体化』をめざし、2006年から『認定こども園』制度の施行に伴い、幼稚園と保育所の機能を併せもつ施設の運営に取り組んでまいりました。今までの幼保だけでは補えなかった問題を、それぞれの機能がカバーし合って、『すべての子どもの最善の利益』につながっていくものと考えていましたが、それぞれが培ってきた保育文化や、地域性や法律上の問題で何度も壁にぶつかってしまうのです」（特定非営利活動法人全国認定こども園協会、2013、276）と回顧している。ここで素直に述べられているように、認定こども園としてスタートしてはみたものの、制度をめぐる様々な未解決の問題や矛盾がすぐさま露見することになった。それは、良くいえば、「行政的にもまた経営的にも試行錯誤が続くことになった」（渡辺、2016、267-268）ということであるが、現実には、「認定こども園になった施設であっても、運営面では難しさがあり、幼稚園と保育園ごとの職員組織が共存していることで園内の調整がうまくいかなかったり、幼保の行政窓口の違いによる事務作業の煩雑さが起こったりするなど、制度的に幼稚園と保育園が共存していることの煩雑さがそのま

ま残る制度であった」(同上、267)と保育現場から指摘されるほど、幼稚園と保育所の「連携強化」はもとより、保育制度改革のスローガンであった「幼保一体化（一元化）」「総合化（総合施設）」にはほど遠い状況であった。

　こうした認定こども園制度に対して、その後、国は、いかなる方針と施策をとっていったのであろうか。2000年代後半における政府の基本的な方針として、「経済財政改革の基本方針2008」（2008年6月）、「教育振興基本計画」（同年7月）[2]及び「社会保障の機能強化のための緊急対策——5つの安心プラン——」（同）等に基づき、運用改善による二重行政の解消を図るとともに、認定こども園の制度改革について取り組むことが課題とされた。

　2009年3月に内閣府・認定こども園制度の在り方に関する検討会から出された報告書「今後の認定こども園制度の在り方について」は、「認定こども園制度の理念や意義については現在においてより強まっており、認定こども園制度のさらなる推進が必要と考える」と述べて、「安心こども基金」等の新たな財政措置を活用することなどにより、認定こども園の緊急整備を図るとともに必要な見直しを早急に実施するとした。そして、「将来的には幼保連携型に集約していく方向で進めていくことが望ましい」と提起したが、まずは、認定こども園の普及をめざしていくという観点から、「当面は、地域や施設の実情に応じて他の類型に対する配慮や柔軟な対応が必要」、あるいは、既存の幼稚園や保育所の機能の拡充や組み合わせ・連携の強化など、「地域の実情に応じて、必要な教育・保育・子育て支援の『機能』が総合的に提供されるのであれば、必ずしも一つの『施設』（認定こども園を指す。筆者注）に収斂される必要はない」というスタンスを打ち出した。そのうえで、社会保障審議会・少子化対策特別部会「第1次報告——次世代育成支援のための新たな制度体系の設計に向けて——」（2009年12月。以下「第1次報告」と略）で示された保育制度改革の方向性を踏まえ、認定こども園制度の具体的な制度的検討を進めていくとした。

　2010年代に入って以降、国は、「子ども・子育てビジョン——子どもの笑顔があふれる社会のために——」（2010年1月）で提唱された「子ども・子育て支援」を政策的なキーワードとして、「誰もが希望する幼児教育と保育サービスを受けられるようにする」という方針のもと、「待機児童の解消」、「多様な保育サービスの提供」、「幼児教育と保育の質の向上」、「幼保一体化を含む新たな

次世代育成支援のための包括的・一元的な制度の構築」などを具体的施策として掲げた。2012年3月には、「第1次報告」や少子化社会対策会議「子ども・子育て新システムに関する基本制度」等に基づき、「子ども・子育て新システム」の実現に向けて、「子ども・子育て支援法案」、「総合こども園法案」及び「子ども・子育て支援法及び総合こども園法の施行に伴う関係法律の整備に関する法律案」を国会に上程した。しかしながら、同法案は、保育関係者をはじめ国民的な反対を受け、「総合こども園法案」の撤回と認定こども法園案等の一部改正など、大幅な修正を余儀なくされることになった。これ以降、「新システム」という言葉は用いられなくなったものの、その本質はほとんど変わらずに残されたまま、2014年4月に消費税率を8％、2015年10月に10％に引き上げる消費税法改正関連法案とともに、「子ども・子育て支援法案」など子ども・子育て関連3法案は、2012年6月に衆議院、同年8月に参議院を通過し、可決された（伊藤、本巻第2章）。認定こども園については、「就学前の子どもに関する教育、保育等の総合的な推進に関する法律の一部を改正する法律」（以下「認定こども園法一部改正法」という）によって、「認定こども園制度の改善」という名目のもと、その一類型である幼保連携型認定こども園に関わる規定が大幅改正され、従前と異なる施設へと転換することが企図された。

2 ‖ 認定こども園制度の現状と問題点

（1）認定こども園制度をめぐる状況

では、「子ども・子育て関連3法」（以下「関連3法」という）に基づき2015年4月に施行された「子ども・子育て支援新制度」（以下「新制度」という）の展開過程にあって、認定こども園は今日、いかなる状況にあるのであろうか。

上記「認定こども園法一部改正法」によって改正された認定こども園法（以下「2012年認定こども園法」という）は、認定こども園の目的について、「小学校就学前の子どもに対する教育及び保育並びに保護者に対する子育て支援の総合的な提供を推進するための措置を講じ、もって地域において子どもが健やかに育成される環境の整備に資する」（第1条）と改められ、2006年認定こども園法で示されていた「幼稚園及び保育所等における」という文言が削除された。また、

それを受けて、幼保連携型認定こども園の目的について、「義務教育及びその後の教育の基礎を培うものとしての満3歳以上の子どもに対する教育並びに保育を必要とする子どもに対する保育を一体的に行い、これらの子どもの健やかな成長が図られるよう適当な環境を与えて、その心身の発達を助長するとともに、保護者に対する子育ての支援を行う」（第2条第7項）と規定した。政府の説明によれば、新制度のポイントの1つとして、「認定こども園制度の改善」があげられ、①幼保連携型認定こども園について、認可・指導監督を一本化し、学校及び児童福祉施設として法的に位置付ける、②認定こども園への財政措置を「施設型給付」に一本化することが示されているが、認定こども園は、「制度」としての整備確立が図られ、それ自身が固有の意義を持つものとして定立されることになった。すなわち、新制度において、認定こども園は、幼稚園でも保育所でもない第3の施設類型として明確に位置付けられ、保育制度上、幼稚園、保育所、認定こども園という大別して3種類の保育施設が存在することになったのである。こうした状況は、まさしく保育制度の「三元化」、さらには、「多元化」「複雑化」と呼ぶべきものとなっている。

　こうした動きのなかで特に注目しておかねばならないことは、関連3法を根拠とする新制度にあっては、「独特に定義された文言が随所に使われている」、「これだけの新語を用いた法律はそうあるものではない」（田村・古畑、2013、ⅲ）と評されるほど、その原理において、これまでの保育・幼児教育界にとって「実践の蓄積が反故にされたと等しい」（塩野谷、2009、55）と感じられるくらいのドラスティックな改変がもたらされているということである。それは、端的にいえば、「保育・教育概念の三元化」（村山、2016、80）とも呼べるものとなっている。すなわち、新制度の基軸となっている法律である「子ども・子育て支援法」において、「教育」と「保育」とは相異なる概念として示されており、前者については、「満3歳以上の小学校就学前子どもに対して義務教育及びその後の教育の基礎を培うものとして教育基本法（平成18年法律第120号）第6条第1項に規定する法律に定める学校において行われる教育をいう」（第7条第2項）、また、後者については、「児童福祉法第6条の3第7項に規定する保育をいう」（第7条第3項）と規定されている。ここに記されている「児童福祉法第6条の3第7項」とは、一時預かり事業に関する定めとなっており、「家庭において

保育（養護及び教育（第39条の2第1項に規定する満3歳以上の幼児に対する教育を除く。）を行うことをいう。以下同じ。）を受けることが一時的に困難となつた乳児又は幼児について、厚生労働省令で定めるところにより、主として昼間において、保育所、認定こども園（就学前の子どもに関する教育、保育等の総合的な提供の推進に関する法律（平成18年法律第77号。以下「認定こども園法」という。）第2条第6項に規定する認定こども園をいい、保育所であるものを除く。第24条第2項を除き、以下同じ。）その他の場所において、一時的に預かり、必要な保護を行う事業をいう」と規定している。これらの規定にあって、「保育」は、家庭における保育と同義のものと捉えられており、また、そこにおける「教育」は、前者の「教育」（＝学校において行われる教育）とは違うものであるという位置付けがなされている（伊藤、2017、14）。

　2012年認定こども園法においても同様の定めとなっており、「改善」されたという幼保連携型認定こども園にあっては、「義務教育及びその後の教育の基礎を培うものとしての満3歳以上の子どもに対する教育並びに保育を必要とする子どもに対する保育」あるいは「子どもに対する学校としての教育及び児童福祉施設（児童福祉法第7条第1項に規定する児童福祉施設をいう。次条第2項において同じ。）としての保育」（第9条）という規定となっている。「子ども・子育て支援法」の用語でいえば、「教育・保育」（第14条第1項）ということになるが、こうした位置付けは、従前からの保育所における「保育」（児童福祉法第39条）及び幼稚園における「保育」（学校教育法第22条）または「教育」（同法第23条）の概念とは異なる独特なものとなっている。ここでは、そのキーワードとされた「幼稚園と保育所の一体化（一元化）」といったかたちではなく、まったく別物扱いされた「教育」と「保育」が並置させられている（否、「保育」概念は大きく歪められ、不当に低く位置付けられている）、あるいは、接ぎ木のようにつなぎ合わされている。これが、「幼稚園と保育園の良いところを生かしながら、その両方の役割を果たす」と説明されてきた／いる実際の姿である。

（2）認定こども園制度における問題点

　では、なぜ、こうした状況になってしまっているのであろうか。その背景にあるものとはいったい何か。この点に関しては、以下のことがらを明確に確認

しておかねばならないであろう。

　すなわち、2000年代半ばに入って以降、国は、しきりに就学前教育または幼児教育の重要性を提唱するようになり、「幼児期からの人間力向上」または「就学前を含めた幼少期の人的資本形成」といったスローガンのもと、具体的な施策として、「幼保一体化」や幼稚園・保育所・小学校等の相互連携、さらには幼児教育の無償化や義務教育化などを掲げてきている。

　例えば、その直接的な契機となった内閣府「経済財政運営と構造改革に関する基本方針2005」（2005年6月）は、21世紀の日本経済にとって最も重要な環境変化である少子高齢化とグローバル化を乗り切る基盤をつくるために、「何よりも人間力を高めなくてはならない」と述べ、その取り組みの1つとしての「次世代の育成」について、「幼児期からの人間力向上のための教育を重視」することを提案している。また、経済産業省「経済成長と公平性の両立に向けて──『自立・共生社会』実現の道標──」（2007年10月）は、経済成長と公平の両面に強い影響を持つ「人的資本」の充実を経済政策の主な目標に掲げ、基礎能力を充実する幼少期（出生から義務教育修了まで）における就学前教育、義務教育の重要性を指摘している。そして、就学前から義務教育課程までの育児・教育制度、サービスの総合的な運用をめざす包括的なプログラムのもとで、幼保一元化、充実した幼小教育や基礎学力の底上げを実現するための幼稚園、保育所、小学校・中学校における相互連携や就学前・幼小教育の無償化または義務教育開始年齢の引き下げなどを提言している。

　さらに、2015年5月に発表された自由民主党「幼児教育の振興について」は、質の高い幼児期の教育（幼児教育）をめざし、「国家戦略の一環として取り組み、幼児教育分野への思い切った重点的な資源投入を行うことが必要」という観点から、幼児教育の振興方策として、①幼児教育の質の向上、②質の高い幼児教育の提供体制の確保、③幼児教育の段階的無償化の推進、④幼児教育の充実のための財政支援の充実、⑤子ども・子育て支援新制度の検証、⑥「幼児教育振興法（仮称）」の制定の6つを掲げている。国家戦略の一環という観点から、「幼児教育の一層の振興が図られるよう、各般の振興方策について取り組むとともに、新制度施行後の運営状況について把握し、必要な法改正も視野に入れつつ、見直しを図っていく必要がある」と述べている。そして、2016年5月に

は議員立法として「幼児教育振興法案」が衆議院に提出され、また、2017年12月には幼児教育の無償化や待機児童解消などを謳う「新しい経済政策パッケージ」が閣議決定されるなど、幼児教育振興策に向けた動きが活発化している。

　このように見てくれば、1990年代以降、「規制改革」「地方分権改革」をはじめとする構造改革の枠組みのなかで、公教育制度の新自由主義的再編成が企図され、「集中と選択」による競争力人材の効率的産出や公教育の市場化・商品化が推進されてきているが、就学前教育・幼児教育の領域においても、これと同様の動きが展開されているということである。すなわち、幼児期からのグローバル競争対応能力・学力の基礎的形成が志向されており、それがゆえに、従前からの政策トレンドをより一層強化するものになっている。端的にいえば、幼児期からの「人的資本」開発に向けた競争原理と市場原理の導入、拡大、貫徹への潮流である[4]。新システムの衣替えとしての新制度及びその鍵的存在として位置付けられている認定こども園制度は、まさしくこうした動きのなかで構想され、今日に至るまで少しずつ「改善」されてきたのである。

　では、認定こども園制度における問題点とは何であろうか。別の機会に詳しく叙述しているが（伊藤、2015a）、ここでは、2点、指摘しておきたい。

　第1点は、認定こども園における制度原理として、保護者と施設の直接契約を基本としているという点である。この仕組みは上記構造改革のなかで提唱され、高齢者福祉や障害者福祉の領域を中心に広がった「サービスの利用者と提供者の対等な関係の確立」というスローガンに依拠するものであり、入所の選考や保育料の設定、徴収を施設が行うことを原則としている（ただし、新制度において、①当分の間、認定こども園を含む保育を必要とする子どものすべての施設・事業の利用について、市町村が利用の調整を行う、②認定こども園・公立保育所・地域型保育は、市町村の調整の下で、施設・事業者と利用者の間の契約とする、とされている）。そこでは、従前までの施設に対する直接補助方式を廃止して、金銭給付という利用者補助方式が採用されているが、児童福祉法第24条第1項に基づく保育所制度に象徴される公的保育保障（市町村の保育実施義務）を理念とする保育制度に大きな風穴をあけるものとなっている。

　第2点は、認定こども園における制度原理として、「質の高い教育・保育及び子育て支援の提供」を標榜しながら、自治体間あるいは施設間における格差

またはダブルスタンダードを容認するものとなっているという点である。すなわち、前者にあっては、幼保連携型認定こども園について、国は「幼保連携型認定こども園の学級の編制、職員、設備及び運営に関する基準」(2014年4月)を定めており、一定の水準は担保されているとはいえるものの、その一部を自治体が「参酌すべき基準」として取り扱っている。そのため、国基準より低いものであっても、そのこと自体は問題なしとされる。また、後者にあっては、幼保連携型認定こども園以外の認定こども園（幼稚園型、保育所型、地方裁量型）について、国は「就学前の子どもに関する教育、保育等の総合的な提供の推進に関する法律第3条第2項及び第4項の規定に基づき内閣総理大臣、文部科学大臣及び厚生労働大臣が定める施設の設備及び運営に関する基準」（同年7月）を定めているものの、上記国基準に比べて簡素な内容となっている。そのため、同じ認定こども園でありながら、その実態は大きく二分化されている。

3 ‖ 保育ソーシャルワークから見た認定こども園制度の課題

(1) 認定こども園制度と保育ソーシャルワーク

　保育ソーシャルワークから見た認定こども園制度はいかなるものとして捉えられるのであろうか。ここでいう「保育ソーシャルワーク」とは、保育とソーシャルワークの学際的・統合的な概念として位置付けられ、子どもと保護者の幸福のトータルな保障に向けて、保育施設や地域社会における特別な配慮を必要とする子どもと保護者（障がいや発達上の課題、外国にルーツをもつ子どもや家族、育児不安、不適切な養育、虐待や生活上の課題）に対する支援を専門的かつ中核的に取り組むことをその課題とするものである（伊藤、第1巻序章）。こうした視点を踏まえ、以下では、認定こども園、特に「子ども・子育て支援関連3法の定める中核的な教育・保育施設」（田村・古畑、2013、10）と評される幼保連携型認定こども園における保護者に対する子育て支援（以下「子育て支援」という）について検討することとする。

　すでに確認したように、認定こども園にとって、子育て支援は重要な意義を有するものとされてきている。すなわち、2006年認定こども園法において、認定こども園の目的の1つとして、「保護者に対する子育て支援」（第1条）を盛

りこみ、就学前の子どもに対する教育及び保育を一体的に提供するとともに、地域における子育て支援事業を行うものは、認定こども園の認定を受けることができる、とした（文部科学省・厚生労働省、2006）。その背景にあったものは、「我が国における急速な少子化の進行並びに家庭及び地域を取り巻く環境の変化」であり、直接的には、「核家族化の進行や地域の子育て力の低下を背景に、幼稚園にも保育所にも通わず、家庭で0～2歳の子どもを育てている者への支援が大きく不足している」ことなどが挙げられている。そして、「地域における子育て支援を行う機能、すなわちすべての子育て家庭を対象に、子育て不安に対応した相談や親子のつどいの場等を提供する機能を備える施設」（同前）であることをめざしたのである。

　その後、2012年認定こども園法第10条第1項に基づいて策定された内閣府・文部科学省・厚生労働省「幼保連携型認定こども園教育・保育要領」（2014年4月。以下「教育・保育要領」という）は、「幼保連携型認定こども園として特に配慮すべき事項」（第1章 総則・第3）及び「特に配慮すべき事項」（第3章 指導計画作成に当たって配慮すべき事項・第2）のなかで、子育て支援の在り方について言及した。前者にあっては、「幼保連携型認定こども園の園児の保護者に対する子育ての支援」については、様々な機会の活用や保護者との相互理解をはじめ、障害や発達上の課題のある園児の保護者支援、保護者に不適切な養育等が疑われる場合の支援などを取り上げている。また、「地域における子育て家庭の保護者等に対する支援」については、子育て支援事業や地域における関係機関等との連携を示している。そして、後者にあっては、障害のある園児とともに活動する機会や特別に配慮を要する園児への対応、家庭や地域社会との連携などについて記している。内閣府・文部科学省・厚生労働省「幼保連携型認定こども園教育・保育要領解説」（2014年12月）によれば、子育て支援の基本原則として、子どもの最善の利益や保護者との共感、幼保連携型認定こども園の特性を生かした支援、保護者の養育力向上への寄与、相談・助言におけるソーシャルワークの機能、プライバシーの保護及び秘密保持、地域の関係機関等との連携・協力を掲げている。ここでは、「幼保連携型認定こども園の施設・設備は、子育ての支援の活動にふさわしい条件を多く備えており、保護者への支援を効果的に進めることができる」、また、「地域において最も身近な子育て支援を行

う施設の一つであり、乳児から就学前までの様々な育ちを理解し支える教育及び保育を実践している場でもある」という位置付けのもと、「子育て等に関する相談や助言など、子育ての支援のため、保育教諭等や他の専門性を有する職員が相応にソーシャルワーク機能を果たすことも必要となる」(同前)と述べていることが特徴的である。幼保連携型認定こども園の「専門性の範囲と限界を熟知した対応を心掛けることが必要である」という「制限」を課しながらも、保育ソーシャルワークの必要性と重要性について指摘したものと捉えることができる。

　こうした流れのうえに、2017年3月に改訂された「教育・保育要領」では、改訂のポイントの1つとして、「子育ての支援に関する内容の改善・充実」が掲げられ、新たに独立した章として「第4章 子育ての支援」が設けられた。同要領にあっては、「子育ての支援全般に関わる事項」が明示されるとともに、「幼保連携型認定こども園の園児の保護者に対する子育ての支援」では、すべての保護者の相互理解の促進や外国籍家庭など特別な配慮を必要とする家庭への個別支援が、また、「地域における子育て家庭の保護者等に対する支援」では、地域における乳幼児期の教育及び保育の中心的な役割としての役割の発揮が追記されている。従前のものと比べて、幼保連携型認定こども園における保育ソーシャルワーク機能に関する記述が大幅に増大している。

(2) 認定こども園制度改革の課題

　上述の動向にあって、認定こども園制度改革の課題は那辺にあるのであろうか。以下では、保育ソーシャルワークの視点から、2点、指摘しておきたい。
　第1点は、近年における認定こども園制度改革としての「幼児期の教育」(または、幼児教育ないし教育)の重視という潮流が、新制度のめざす「質の高い教育・保育及び子育て支援の提供」というスローガンとどうリンクしているのか／くるのかを、子ども及び子育て家庭の当事者のスタンスから丁寧に検証していく必要があるということである。それは、換言すれば、「子ども・子育て支援法」(以下「法」という)の「子ども・子育て支援」概念が理念とする「全ての子どもの健やかな成長のために適切な環境が等しく確保されるよう、国若しくは地方公共団体又は地域における子育ての支援を行う者が実施する子ども

及び子どもの保護者に対する支援」が新制度あるいは認定こども園制度においていかに実現されていくのか／いかないのかを実証的に明らかにしていくということである。例えば、内閣府「教育・保育及び地域子ども・子育て支援事業の提供体制の整備並びに子ども・子育て支援給付並びに地域子ども・子育て支援事業及び仕事・子育て両立支援事業の円滑な実施を確保するための基本的な指針」（2014年7月）の言葉に従えば、「法は、障害、疾病、虐待、貧困、家族の状況その他の事情により社会的な支援の必要性が高い子どもやその家族を含め、全ての子どもや子育て家庭を対象とするもの」であり、「必要な場合には、これらの子どもに対する適切な保護及び援助の措置を講じることにより、一人一人の子どもの健やかな育ちを等しく保障することを目指す必要がある」のであるが、はたして実際にはこのようであるのであろうか。2000年代半ば以降における幼児期からのグローバル競争対応能力・学力の基礎的形成が志向されているなかにあって、大きく歪められ不当に低く位置付けられている保育の内容及び「子どもの育ちを家庭と連携して支援していくとともに、保護者及び地域が有する子育てを自ら実践する力の向上に資する」（内閣府・文部科学省・厚生労働省、2017）と規定し直された子育て支援が、今後いかなるかたちで展開されていくかが注目される。

　第2点は、これまで以上に幼保連携型認定こども園における保育ソーシャルワークの取り組みが強調されるなかにあって、「幼保連携型認定こども園や保育教諭等はソーシャルワークを中心的に担う専門機関や専門職でないことに留意し」（内閣府・文部科学省・厚生労働省、2014）つつも、それを「現状では主として担うこととなる」（同前）ことが期待されている保育教諭等にあって、求められる保育ソーシャルワークに関する知識・技術とはいかなるものであるか、また、どのようにして習得されるものであるかについてきちんと押さえておく必要があるということである。これについては、多様な視点や議論が予想されるが、少なくとも幼保連携型認定こども園がその目的の1つとしての子育て支援を担っていくためには、制度または組織（施設全体）として欠くことのできないものであると捉えなければならないであろう。ただし、中核的な役割が期待されている保育教諭の職務については、「園児の教育及び保育をつかさどる」（2012年認定こども園法第14条第10号）と定められているのみであり、保育士のそれ

が「専門的知識及び技術をもつて、児童の保育及び児童の保護者に対する保育に関する指導を行うことを業とする」（児童福祉法第18条の４）とされているのに対して、法制度的な不整合が否めないといえよう。「教育・保育要領」において、「教育及び保育並びに子育ての支援に関する知識や技術など、保育教諭等の専門性や、……を生かし」などという場合に、そのあり様を規定するソーシャルワークの原理、知識、技術とは何かについての内実が明らかにされねばならない。そのことは、保護者の受容や自己決定の尊重、個人情報の取扱いをはじめ、相談・助言の実際、プライバシーの保護及び秘密保持、地域の関係機関等との連携・協力、さらには、障がいや発達上の課題が見られる子どもへの支援、外国にルーツをもつ子どもや家族、育児不安や不適切な養育、虐待が疑われる保護者への支援など、きわめて多面的かつ多層的なレベルにおいてである。保育教諭等として求められる保育ソーシャルワーク能力の育成と向上が課題である。

おわりに

　これからの認定こども園に、「地域の子ども達が健やかに育成される環境を提供し、保護者に対する子育ての支援の総合的な提供を推進する」（内閣府・文部科学省・厚生労働省、2017）という役割を求めるとすれば、「保育ソーシャルワーカー」の養成、研修やその施設への配置など、保育ソーシャルワークの視点からの制度改革が必須であるといえよう。今後の動静が注目される。

注
1）この「認可」に関して、村山祐一が、「幼保連携型認定こども園という名称は、新制度では幼稚園と保育所との連携を前提としなくなったことと、認定ではなく認可になったことから適切な名称とは言えない。あえて実態に即して名称を付けるなら、認可こども園保育所型、認可こども園幼稚園型ということになる」（村山祐一（2016）「戦後の『一元化論』・『一元化・一体化政策』の動向と課題」日本保育学会編『保育学講座２　保育を支えるしくみ――制度と行政――』東京大学出版会、p. 88）と指摘していることは興味深い。このままいけば、近未来には、「こども園」という名称になっていくのであろうか。
2）同計画は、「改正教育基本法第11条（幼児期の教育）の規定を踏まえ、生涯にわたる

人格形成の基礎を培う幼児教育の重要性にかんがみ、幼稚園と保育所との連携の強化を図りつつ、その質の向上など幼児教育の推進に向けて取り組む」と述べ、①認定こども園の活用など幼児教育を受けられる機会の提供の推進、②幼児教育全体の質の向上、③幼児教育の無償化の検討を含む保護者負担の軽減、④幼稚園等を活用した子育てへの支援の推進、の4項目を具体的な施策として提言した。認定こども園について、同計画期間中のできる限り早期に認定件数が2000件以上になることをめざし、制度の普及啓発や幼保連携型認定こども園への円滑な移行に向けた運用改善を行うとともに、認定こども園の制度改革に取り組むこととを課題とした。

3）戦後幼児教育の出発期において、幼稚園と保育所の一元化に関する議論の1つとして、幼稚園と保育所の「二枚看板論」（幼稚園であれ保育所であれ、それぞれの基準を満たした施設は同時に認可する）と呼ばれるものがあった。この議論は、実際には、ごく一部の園を除いて実現されることはなかったが、そこでは、幼児教育の機会均等をめざして、社会政策と児童教育の2つの側面から、行政事務の一元化を含む、幼稚園と保育所の「同一化」（制度的・内容的統一）が展望されていたことは注目されてよい。学校と児童福祉施設の両方の性格を持つ施設とされる幼保連携型認定こども園であるが、幼稚園と保育所の「同一化」を志向するという点からはほど遠く、当時イメージされた「二枚看板論」とは大きく異なるものであるということができよう。

4）政治学者の渡辺治は、安倍改革の3つの柱の1つとしての教育改革について、こう論じている。「安倍教育改革の最大のねらいは、新自由主義の競争に勝てるような国民づくり、あるいは、世界的なグローバル競争に役立つような労働力づくり」であり、「そのため、教育の抜本的な改革、格差と選別、その教育の競争のなかで、一部の勝ち組の子どもたちに徹底したエリート教育を行う。子どもたち全員をグローバル競争の担い手となることをめざす競争に巻き込みながら、そのうえで一部のエリートとそうでない子どもたちを幼児期から選別していく。これが教育改革の大きなねらい」である（渡辺、2017、79）。きわめて簡潔、明快な指摘である。

5）同じく2017年3月に改定された厚生労働省「保育所保育指針」において、「養護及び教育を一体的に行うことを特性としている」保育所保育に対し、「幼児教育を行う施設として共有すべき事項」（育みたい資質・能力、幼児期の終わりまでに育ってほしい姿）をわざわざ付記していることは、こうした流れのなかに属するものといえよう。

引用・参考文献

秋川陽一（2005）「子どもの人権保障を目指す幼保一元化の改革課題」日本教育制度学会編『教育改革の提言集（第4集）――改革はここから――』東信堂。

伊藤良高（2010）「保育所・幼稚園等施設と小学校の連携・接続をめぐる政策と実践の課題――新しい『幼児教育』概念と制度構想を手がかりに――」『熊本学園大学論集 総合科学』第17巻第1号（通巻第33号）。

伊藤良高（2015a）『幼児教育行政学』晃洋書房。

伊藤良高（2015b）「保育・幼児教育と法」伊藤良高・大津尚志・永野典詞・荒井英治郎編『教育と法のフロンティア』晃洋書房。

伊藤良高（2017）「現代における子ども・子育て支援施策と保育施設経営の課題」伊藤良

高編著『第2版 教育と福祉の課題』晃洋書房.
伊藤良高・宮﨑由紀子・香﨑智郁代・橋本一雄編（2018）『保育・幼児教育のフロンティア』晃洋書房.
塩野谷斉（2009）「幼保一元化の可能性と展望――認定こども園を中心に――」伊藤良高・中谷彪・北野幸子編『幼児教育のフロンティア』晃洋書房.
田村和之・古畑淳（2013）『子ども・子育て支援ハンドブック』信山社.
特定非営利活動法人全国認定こども園協会（2013）『認定こども園の未来――幼保を超えて――』フレーベル館.
内閣府・文部科学省・厚生労働省（2014）「幼保連携型認定こども園教育・保育要領解説」.
内閣府・文部科学省・厚生労働省（2017）「幼保連携型認定こども園教育・保育要領」.
村山祐一（2016）「戦後の『一元化論』・『一元化・一体化政策』の動向と課題」日本保育学会編『保育学講座2　保育を支えるしくみ――制度と行政――』東京大学出版会.
文部科学省（2013）「教育振興基本計画」（閣議決定）.
文部科学省初等中等教育・厚生労働省雇用均等・児童家庭局（2006）「就学前の子どもに関する教育、保育等の総合的な提供の推進に関する法律等の施行について」（連名通知）.
文部科学省中央教育審議会幼児教育部会・厚生労働省社会保障審議会児童部会合同検討会議（2004）「就学前の教育・保育を一体として捉えた一貫した総合施設について（審議のまとめ）」.
渡辺治（2017）「憲法を生かした日本の社会と教育をめざして」『教育』第854号、かもがわ出版.
渡辺英則（2016）「認定こども園の園・クラス運営と課題」日本保育学会編前掲書.

第 6 章
保育施設の組織と経営改革

はじめに

　2018年度から、日本の保育施設においては、組織として、環境を通しての教育を基本として、子どもたちを「幼児期の終わりまでに育ってほしい姿」により確実に育てていくために、後述する3つの側面をもつ本格的なカリキュラム・マネジメントが導入されている。本章では、各保育施設が、組織として、このカリキュラム・マネジメントと保育ソーシャルワークをどのように成立・統合・発展させていけばよいのかについて考察する。

1　現在の保育施設における組織目的と保育ソーシャルワーク

（1）関連法規の規定から見た保育施設の組織目的
　近代組織論においては、水原煕が述べるように、組織とは、基本的に、「2人以上の人間の意識的に調整された行動または諸力のシステム」であり、「単なる集団ではなく、目的達成のための協働の関係」（水原、2006、171-174）で捉えられている。つまり、組織は、目的を達成するために存在し、構成員は協働する存在というわけである。そして、本格的なカリキュラム・マネジメントが保育施設に導入され、マネジメントの邦訳が経営であることからも分かるように、今日の保育施設においては、構成員は組織の一員として働くことが、これまで以上に求められているといえる。
　その組織としての幼稚園の目的については、学校教育法の第22条において、「義務教育及びその後の教育の基礎を培うものとして、幼児を保育し、幼児の健やかな成長のために適当な環境を与えて、その心身の発達を助長すること」

と規定され、第24条において「家庭及び地域における幼児期の教育の支援に努めるものとする」とされている。

　保育所の目的についても、児童福祉法第39条において、「保育を必要とする乳児・幼児を日々保護者の下から通わせて保育を行うことを目的とする」とされ、第18条の4において、「保育士とは、……保育士の名称を用いて、専門的知識及び技術をもつて、児童の保育及び児童の保護者に対する保育に関する指導を行うことを業とする者をいう」とされている。ただし、第48条の4において、「保育所は、当該保育所が主として利用される地域の住民に対して……その行う保育に支障がない限りにおいて、乳児、幼児等の保育に関する相談に応じ、及び助言を行うよう努めなければならない」とされている。

　幼保連携型認定こども園の目的についても、「就学前の子どもに関する教育、保育等の総合的な提供の推進に関する法律」第2条の7において、「義務教育及びその後の教育の基礎を培うものとしての満三歳以上の子どもに対する教育並びに保育を必要とする子どもに対する保育を一体的に行い、これらの子どもの健やかな成長が図られるよう適当な環境を与えて、その心身の発達を助長するとともに、保護者に対する子育ての支援を行う」とされている。

　以上からも分かるように、現在の幼稚園、保育所、幼保連携型認定こども園の組織としての存在目的は、義務あるいは努力義務の違いや対象範囲に違いがあるとしても、その施設に通う乳幼児期の子どもの保育・教育と、乳幼児期の子どもの保護者に対する子育て支援であるといえる。

（2）現在の保育施設における保育ソーシャルワークの位置付け

　このように保育施設において子育て支援が重視されていく中で、保育ソーシャルワークが注目されている。この保育ソーシャルワークの概念は、現在も追究が続けられているが、その基本的方向性について、伊藤良高は次のように述べている。「保育ソーシャルワークとは、子どもと保護者の幸福のトータルな保障に向けて、そのフィールドとなる保育実践及び保護者支援・子育て支援にソーシャルワークの知識と技術・技能を応用しようとするものである、といえるであろう。ただし、これまで蓄積されてきたソーシャルワーク論の保育への単なる適用ではなく、保育の原理や固有性を踏まえた独自の理論、実践とし

て考究されていくことが望ましい」（伊藤、2011、13）。

保育ソーシャルワークという用語中の「ソーシャルワーク」については、岩間伸之は、「社会福祉の実践体系であり、社会福祉制度において展開される専門的活動の総体」と述べ、「ソーシャルワークの過程に含まれる要素」として、「①インテーク（援助契約、送致を含む）、②クライエントの問題の見極めと定義、③データを集めて問題や状況について検討すること、④問題のアセスメント、⑤変化のためのゴールの設定、⑥援助計画を立案、⑦処遇契約、⑧計画に基づいた介入・活動、⑨介入についてのモニタリング、⑩介入の終結と評価」をあげている（岩間、2007、238-239）。こうしたソーシャルワークの意味内容から、ソーシャルワークには、問題を抱えている人と問題の解決までに至る働きかけが含まれているといえる。そう考えてくると、乳幼児の保育・教育と乳幼児の保護者の子育て支援を組織として行う保育施設とその構成員としての保育者は、問題解決までに至るすべての事柄を行う存在ではないので、山縣文治が述べているように、「ソーシャルワーク機関やソーシャルワーク専門職ではない」（山縣、2016、8）ことになる。

しかし、困難を抱える乳幼児や保護者の問題解決を支える働きかけについては、保育施設や保育者はこれまでも行ってきた。保育所や幼保連携型認定こども園に対しては、山縣が述べるように、「ソーシャルワーク機能」そのことが従来から求められており（山縣、2016、8-9）、対応が困難なケースが想定されることもあり、関係諸機関との連携・協働が、求められている。

つまり、現在の幼稚園、保育所、幼保連携型認定こども園は、ソーシャルワークの専門機関と位置付けられておらず、職員もソーシャルワークの専門職員とは位置付けられていないが、職員は、ソーシャルワークに関する知識・技能について学んでソーシャルワーク機能を果たしていく必要があると考えられる。保育・教育及び子育て支援を行いつつ、必要な連携・協働を外部機関に求めていくことを通して、保育ソーシャルワークを実現していくものであると捉えることができよう。

2 これからの保育施設におけるカリキュラム・マネジメントの成立に向けて

（1）これからの保育施設にカリキュラム・マネジメントが求められる理由

　保育施設に後述する本格的なカリキュラム・マネジメントが導入されることになった出発点は、2015年公表の中央教育審議会教育課程企画特別部会の「論点整理」に示された次の志向性である。それは、人工知能の急速な進歩に伴う仕事の自動化の進行や少子高齢化の更なる進行等が予測され、2030年には、「将来の変化を予測することが困難な時代」を迎えるので、そのことに対応できるように、幼児教育段階から高等学校段階までの教育課程を構造化するという志向性（中央教育審議会教育課程企画特別部会、2015）である。この教育課程の構造化については、中央教育審議会初等中等教育分科会教育課程部会の2016年公表の「次期学習指導要領等に向けたこれまでの審議のまとめ」において、端的に次のように述べられている。「この『教育課程の構造化』が目指すのは、一言で言えば、社会において自立的に生きるために必要な『生きる力』とは何かを資質・能力として具体化し、そうした資質・能力を確実に身に付けていくことを目指す教育課程の枠組みを分かりやすく再整理し、示すことである」（中央教育審議会初等中等教育分科会教育課程部会、2016、25）。

　つまり、子どもたちが将来の変化を予測することが困難な2030年以降の社会で生き抜いていける人間に育つために、身に付ける必要のある資質・能力を具体化し、それらを確実に身に付けていくことを目指して、保育施設にカリキュラム・マネジメントが導入されているわけである。

（2）保育施設におけるカリキュラム・マネジメント成立のための条件

　2016年の中央教育審議会答申では、幼稚園と保育所と認定こども園のカリキュラム・マネジメントは、次の3つの側面から捉える必要があると述べられている（中央教育審議会、2016、72-73）。1つめは、「各領域のねらいを相互に関連させ、『幼児期の終わりまでに育ってほしい姿』や小学校の学びを念頭に置きながら、幼児の調和の取れた発達を目指し、幼稚園等の教育目標等を踏まえ

た総合的な視点で、その目標の達成のために必要な具体的なねらいや内容を組織する」という側面である。2つめは、「教育内容の質の向上に向けて、幼児の姿や就学後の状況、家庭や地域の現状等に基づき、教育課程を編成し、実施し、評価して改善を図る一連のPDCAサイクルを確立する」という側面である。3つめは、「教育内容と、教育活動に必要な人的・物的資源等を、家庭や地域の外部の資源も含めて活用しながら効果的に組み合わせる」という側面である。この3つの側面について、横松友義（横松、2017、41-42）は、高野桂一（高野、1989、ⅰ-ⅱ）や中留武昭（中留、2005、107-108・110-115）の研究から、わが国の教育界におけるカリキュラム・マネジメント研究の志向性、すなわち、国の教育課程基準の実現と特色のあるカリキュラム創りという志向性を確認した上で、次のように解説している。1つめの側面は、「国の教育課程基準の実現と特色のあるカリキュラム創りを可能にする、自園の保育の目標・ねらい・内容の連関性を確保するという側面」である。2つめの側面は、「教育課程のPDCAサイクルを回すという側面」である。3つめの側面は、「教育内容を決定した後、実際の保育を創造していく際に、職員同士、あるいは、職員と保護者や地域の人々等とが協働して、内外の物的資源等を効果的に活用する側面」である。

さらに、横松（横松、2017、42-43）は、幼稚園を例に、従来、カリキュラム・マネジメントが、2つめの教育課程のPDCAサイクルを回すという側面から捉えられていた点を指摘し、中留（中留、2002、3-7）と田村知子（田村、2014、62-65）がその他の2つの側面をカリキュラム・マネジメントの基軸として取り上げていることを示した上で、2018年度から幼稚園に導入されている3つの側面をもつカリキュラム・マネジメントを「本格的なカリキュラム・マネジメント」と呼び、従来のカリキュラム・マネジメントと区別している。

この本格的なカリキュラム・マネジメントを幼稚園において成立させることを目指して、横松（横松、2017、48-49）は、その職員の協働者という立場に立ち、研修及び支援についての全体構想を示し、その中で、「より無理の少ない形でカリキュラム・マネジメントの諸側面を導入していく」ための手順についての構想も示している。それは、まとめると次のようになるといえる。

カリキュラム・マネジメントが全く意識されてこなかった園では、日頃の保

育の記録とカンファレンスの積み重ねにより、保育実践の質的向上を実感することを繰り返すことで、カリキュラム・マネジメントへの動機を育てていくことから始める。続けて、短期指導計画の評価・改善に関する記録から長期指導計画そして教育課程を作り直し、その上で、教育課程のPDCAサイクルを回すことにつなげていく。つまり、従来のカリキュラム・マネジメントにつなげていくわけである。ただし、この段階では、教育課程の目標・ねらい・内容の連関性やそれらが志向する方向性の有無も、設定された教育内容を実現する際の園内外での協働性の創造・拡大や教材開発の有無も、問題にしない。

　教育課程のPDCAサイクルを回すことが積み重ねられていく中で、子どもたちにどのような資質・能力を育てる必要があるのかという追究が進んでいけば、カリキュラム・マネジメントの他の側面である、国の教育課程基準の実現と特色のあるカリキュラム創りを可能にする、保育の目標・ねらい・内容の連関性確保が追求されていく。また、園の目指す保育の目標やねらいや内容が明確になり、それらを組織として最大限に実現するためにはどうすればよいかという追究が進んでいけば、カリキュラム・マネジメントのもう1つの側面である、園内外の保育にかかわる人々の協働性の創造・拡大や園内外での教材開発が追求されていく。

　つまり、横松は、まずは、保育の質的向上への動機を育て、続いて、短期指導計画の評価・改善に関する累積資料から長期指導計画そして教育課程の評価・改善につなげていき、さらに、教育課程のPDCAサイクルを回すという側面に至り、その延長線上に、カリキュラム・マネジメントの他の2つの側面を成立・発展させていくことを構想しているわけである。

　この構想は、保育施設の幼児教育部分が共通化されたことにより、保育所や幼保連携型認定こども園でも生かすことができると考えられる。そして、こうした構想を手がかりに、保育施設において、本格的なカリキュラム・マネジメントを成立・発展させていけば、組織として実施する保育全体の方向性をより時代に応じた確かなものにしていくことや、保育施設内外での保育にかかわる人々の協働性の創造・拡大や教材開発を通して、教育課程等に示されている教育内容を最大限に豊かに実現していくことが、可能になると考えられる。

（3）カリキュラム・マネジメントと子育て支援との関係

このように捉えることのできるカリキュラム・マネジメントと子育て支援とは、今日、関連付けていくことが重視されている。2016年の中央教育審議会答申では、この点について、次のように述べられている。「幼稚園等では、教科書のような主たる教材を用いず環境を通して行う教育を基本としていること、家庭との関係において緊密度が他校種と比べて高いこと、預かり保育や子育て支援などの教育課程以外の活動が、多くの幼稚園等で実施されていることなどから、カリキュラム・マネジメントは極めて重要である」（中央教育審議会、2016、73）。つまり、子育て支援も意識した上で、カリキュラム・マネジメントの導入が推進されているわけである。そして、こうした意識が最も強く表れているのが、幼保連携型認定こども園教育・保育要領である。そこでは、カリキュラム・マネジメントの概念には、子育て支援に関するPDCAサイクルも含まれている。すなわち、「各幼保連携型認定こども園においては、『幼児期の終わりまでに育ってほしい姿』を踏まえ教育及び保育の内容並びに子育て支援等に関する全体的な計画を作成すること、その実施状況を評価して改善を図っていくこと、また実施に必要な人的又は物的な体制を確保するとともにその改善を図っていくことなどを通して、教育及び保育の内容並びに子育て支援等に関する全体的な計画に基づき組織的かつ計画的に各幼保連携型認定こども園の教育及び保育活動の質の向上を図っていくこと」を「カリキュラム・マネジメント」と呼んでいる（内閣府・文部科学省・厚生労働省、2017、8）。

以上からも分かるように、これからの保育施設においては、カリキュラム・マネジメントと子育て支援は、一体的に進められると捉える必要があると考えられるのである。

3 カリキュラム・マネジメントの成立・発展を目指す中で促される保護者としての育ち

（1）保護者が保育施設の保育目標に関する理解を深めることの重要性

2018年度から導入されている本格的なカリキュラム・マネジメントの3つの側面からも分かるように、その成立のための第1のポイントは、各保育施設に

おいて、保育の全体計画についての国の基準を実現でき、自主的自律的に特色のあるカリキュラムを創ることができ、しかも、ねらい・内容・保育実践との関連が確認できる実効性のある保育目標を明確化した上で、職員及び保護者等がそれらを共有できていることであるといえる。なぜなら、保育目標が存在しないと、その実現のためのねらい・内容の計画を立てることはできないし、ねらい・内容が確定し共有できていないと、関係者の協働及び教材開発を進めることはできないからである。したがって、保育施設の職員は、カリキュラム・マネジメントを成立させるために、まずは、前述の条件を満たす保育目標を明確化する必要がある。その上で、保護者に対しては、その施設の保育目標について理解を深め共有できるように、丁寧に説明する必要がある。

　その保育目標を明確化する際、教育基本法の内容を踏まえることが不可欠である。なぜなら、同法は、日本の教育が、人格の完成を目指すことになっており、幼児教育は、そこに至るための基礎を培うことになっていることを明示しており、このことは、幼稚園教育要領等の教育面の理念であるからである。保育目標も、その点理解した上で、明確化する必要がある。

　とりわけ、2018年度から日本の保育施設で始まる幼児教育は、2030年以降においても生き抜いていける人間を育てようとするものであり、その頃には、人工知能の急速な進歩や更なる少子高齢化により、「将来の変化を予測することが困難な時代」になると想定されている。こうした展望をもつとき、横松が述べるように、「一般に、予測ができなければできないほど、いつの時代でもどこの社会でも通用すると考えられる普遍的なものに基づく必要があると考えられる」(横松、2016b、61)。教育の目的とされる人格完成は、坂田仰が述べるように「教育一般の普遍的理念として受容されている考え方」(坂田、2007、16)であり、横松(横松、2017、45)が述べるように、「人格完成に至る過程とその基礎については、今後の教育界において、ますます理解を深める必要がある事柄になると考えられ」る。そういう意味でも、人格完成という教育の普遍的価値の実現に至る過程とその基礎について理解を深めた上で保育目標を明確化し、それらを保護者と共有することは、子どもの保育においてのみならず、保護者が、生涯教育についての将来展望をもてるという意味でも、有益であると考えられる。

この点については、倉橋惣三（倉橋、1917、48-49）も、次のように述べている[1]。「保育法の研究は益々進まなければならない。保育の経験は益々熟練しなければならない。しかも同時に、──寧ろ先に──以て幼児を導くべきものをわれに有しなければならない」「我等が幼児を導かんとする方向は、……いうまでもなく、人生の目的それ自身によって指定せられなければならない」「もし我々が人生の目的を、既に完全に捕らえ得ているならば、それによって確かに幼児を導くことができる。恐らくやこれが理想の教育者というものであろう。しかし、これはすべての人に望むべくあまり六かしいことである。……そこで我々は、もう一段低い処で寛恕せられなければならない。それは何であるか。我々自身が既に身に捕らえ体現し得てはいないが、これを明らかに理解し、真実切実にこれを自己の目標としているものを有していることである。……これだけのことのない者は、教育者とはいわれないのであろう。自分の分からない方向に、他を導いてゆくことは到底できないからである。」つまり、倉橋の立場では、保育者になるためには、人生の目的ないし目標を確かに理解し、それらに基づいて、教育の方向性を導き出す必要があるということである。

　普遍的理念としての教育ないし人生の目的・目標について理解を深めた上で、保育目標を明確化しそれらを保護者と共有していくことは、将来の変化を予測することが困難な時代を迎えようとする中で、子どもたちを導いていく方向性についての確かな根拠を得ることができるだけでなく、保護者にも生涯教育についてのより確かな見通しをもたらすという意味で、重要であるといえるのである。

　そうした中で、横松は、幼稚園において、カリキュラム・マネジメントの成立を可能にする保育目標とは、教育基本法及び学校教育法の目的・目標の観点から納得できると共に、園の特色を生かすこともでき、園の保育実践との関係も明確な保育目標であると捉え、その条件を満たすものとして、山中秀馬・横松（山中・横松、2011、135-144）や横松（横松、2015、43-51）が明確化しようとしている「実効のある保育目標」を取り上げ、それらを保護者が共有する手順を開発している（横松、2016a、35-42）。

　彼の考えでは、園の実効のある保育目標について保護者に解説する場合、教育基本法の規定に基づき、人格完成に至る過程についての園の捉え方を説明す

る必要がある。その際に、人格完成へ至る過程についての理解を深めるための資料として取り上げているのが、エリック・H. エリクソン（Erikson, E. H.）の発達課題の考え方（E. H. エリクソン、1997、13-353）と孔子の30歳から70歳にかけての自らの発達について語った言葉（貝塚茂樹責任編集、1966、74-76）についての横松の解釈と、そしてジョアン・M. エリクソン（Erikson, J. M.）の発達課題の考え方（E. H. エリクソン／J. M. エリクソン、2001、179-202）である。これら3点は「内容面からと共に、その原文和訳の出典が現在も購入でき、一般によく知られているという観点から」選択されている。

　エリック・エリクソンの考え方については、津守真（津守、1997、271-274）の解釈を基に、次のように示されている。「希望（乳児期）→意志（幼児前期）→目的意識（幼児後期）→有能性（児童期）→所属集団への忠誠（青年前期）→愛（青年後期）→育てる（壮年期）→知恵（老年期）」。孔子の考え方については、理解しやすくすることを意図して、次のような解釈が示されている。「社会的に自立する→かなり普遍的な価値観を身につけ、平常心で生きることができる→置かれた状況の中で、自分の特長・力を踏まえて、なすべきことが分かる→人の話が聞ける→思うままに行動していきすぎがない」「（※　こうした成熟に向かうことのできる人間に育てる必要がある）」さらに、80歳後半以降に絶望に至らないために必要な生き方や心についてのジョアン・エリクソンの考え方については、次のように説明されている。「・心身の健康を維持する（※　自分の健康管理ができ、体力・気力のある人間に育てる必要がある）」「・美しい物への感性とそれを表現しようとする心（※　美しい物や素晴らしい物や驚くような物に心を動かす感性を育てる、それを表現する人に育てる必要がある）」「・謙虚さ（※　他に生かされている感覚、他に気づかせていただいているという感覚［感謝につながる感覚］を育てる必要がある）」「・できるだけ他に依存せず、他に与えることを生き方の基本にする（※　自分で自分の健全な生活を作り、他のための（「に」の間違い…執筆者注）活動する人間に育てる必要がある）」（この引用文中の執筆者は、横松である）。

　続いて、学校教育法に示される幼稚園教育の目的・目標についての説明がなされ、さらに、園の保育目標とそれに対応する具体的な保育実践が説明され、目指す子ども像の明示に至り、保護者への説明は終了する。

なお、その後、横松は、人格完成に至る過程についての理解を深めるための資料として、成長欲求ないし自己実現欲求の現れ方についてのアブラハム・H.マスロー（Maslow, A. H.）の捉え方（A. H. マスロー、1979、38-68・200-222）を加えている。その内容は次のとおりである。「欠乏欲求（**食物、睡眠、安全、愛、所属、承認**等が欠乏するとき、それを与えてくれることを外部に求める欲求）が充足されて初めて、人に、成長欲求ないし自己実現欲求（さらに完全な存在になろうとする欲求、平安や親切や勇気や正直や愛情や無欲や善へと向かう力）が現れてくる。この成長欲求ないし自己実現欲求を元に自己実現する人々の実際特徴が、自己超越、真善美の融合、他人への献身、叡智、正直、自然、利己的個人的動機の超克等である。（※　それぞれの子どもについて、その特長を踏まえて、将来に欠乏欲求が充足されていくことを見通しつつ育てていくことが、教育の基本であると考えられる）」（横松、2017、46）。

　以上のように、将来の変化を予測することが困難な時代を迎えようとしている日本においては、子どもたちが身に付ける必要のある資質・能力を確実に身に付けていくことを目指して、本格的なカリキュラム・マネジメントを保育施設において成立させる必要がある。そのためには、まず、各保育施設が実効のある保育目標を明確化し、それらを保護者と共有することが重要になると考えられる。なぜなら、その過程を通して、保護者は、人格完成に至る過程及びその基礎について学び、子どもの保育の意義についての理解を深めるのみでなく、自分自身の生涯教育についての将来展望を得ることにもなるといえるからである。

（２）３つの方向から促すことのできる**保護者としての育ち**

　カリキュラム・マネジメントの成立・発展を目指す中で、その保育施設に子どもが通う保護者の育ちは、次の３つの方向で促すことができるといえる。

　第１に、保護者は、実効のある保育目標の背景にある人格形成観について理解を深めることを通して、将来の変化を予測することが困難な時代における生涯教育についての見通しを得て、将来展望を持って生活を積み重ねていけるようになると共に、保育の意義についての理解も深めることができる。

　第２に、カリキュラム・マネジメントにおいては、職員と保護者の協働が創

造・拡大されていくことになる。保護者は、その施設の保育目標と保育の全体計画についての理解を深め、子どもの保育について職員と協働することを通して、保育についての理解を深めたり技能を得たりすることが推進されていく。

第3に、カリキュラム・マネジメントと一体的に進められる子育て支援を通して、家庭における保護者の子育ての力を高めることができる。なお、カリキュラム・マネジメントにおいては、保育施設外の諸機関との協働が創造・拡大されていくことになるので、保育ソーシャルワークは、この子育て支援の部分において、今まで以上に重要な位置を占めることになると考えられる。

つまり、カリキュラム・マネジメントと保育ソーシャルワークを成立・統合・発展させていけば、保護者の抱えている困難を解消すると共に保護者の育ちを促すという保育者の働きかけをますます充実させていくことができると考えられるのである。

4 保育施設の経営改革に向けて

(1) カリキュラム・マネジメント成立のために必要な施設長のリーダーシップ

施設長は、基本となる本格的なカリキュラム・マネジメントを成立させるために、例えば、次のことについてリーダーシップを発揮する必要があると考えられる。①保育の記録やカンファレンスを通しての保育の質的向上の積み重ね、②保育・教育及び子育て支援の計画・実践・評価・改善、③前述の実効のある保育目標の明確化と共有、④保育の目標・ねらい・内容の連関性の確保、⑤施設内外での協働性の創造・拡大、⑥施設内外での教材開発の推進。また、これらについてのリーダーシップを発揮するためには、⑦話し合う時間を生み出す工夫、⑧情報共有方法の工夫、⑨事務の省力化等が必要になろう。

ただし、施設長は、自らの保育施設でカリキュラム・マネジメントへの準備がどこまで進んでいるのかについて、正確に把握し、可能なことから取り組む必要がある。また、横松（横松、2017、41-51）が構想するように、研究者に研修・支援を外注することも有効かもしれない。

その際に、保育ソーシャルワークにかかわる留意事項がある。それは、本格的なカリキュラム・マネジメントが導入されている保育施設においては、その施設に入所している乳幼児とその保護者を対象とする保育ソーシャルワークと、地域で子育てをしている保護者を対象とする保育ソーシャルワークとは、分けて考える必要があるということである。前者は、カリキュラム・マネジメントの内容全体と直接関係するので、その中に含めて推進していく必要があると考えられる。後者は、カリキュラム・マネジメントの内容全体に直接関係してくるとは限らないので、無理の少ない形でカリキュラム・マネジメントの成立・発展と統合していく必要があると考えられる。

（2）不足する保育ソーシャルワーク機能の把握手順と その充足手順の開発・整理の必要性

カリキュラム・マネジメントと保育ソーシャルワークの成立・統合は、施設と地域の実情に応じて推進する必要があると考えられる。保育施設内に、配慮のいる子どもが何人位いて、その子どもたちがどのような困難を抱えていて、どのような働きかけが必要かを把握し、整理する必要がある。また、子育てに困難を抱えている保護者が何人位いて、その困難がどのような内容で、どのような働きかけが必要であるかを把握し整理する必要がある。さらに、地域で子育てに困難を抱えている保護者についても、同様に、何人位いて、その困難がどのような内容で、どのような働きかけが必要かを把握し、整理する必要がある。その上で、必要とされる保育ソーシャルワーク機能に対して、まずは現有職員で対応可能な体制を作ろうとしつつ、その機能が不足する場合に、それを満たすことのできる諸手順を得る必要がある。

したがって、各組織において、不足する保育ソーシャルワーク機能を把握する手順の開発・整理と、不足する保育ソーシャルワーク機能を充足させる手順（誰が行うか、どのような研修や連携を必要とするか、実際にどのように行うのか）の開発・整理が、求められるといえる。その延長線上で、保育ソーシャルワーカーの在り方についても、幼稚園教諭免許状や保育士資格のみの保育者とは別の存在と位置付けて、追究することが求められると考えられる。その研究成果を、保育施設が人事や外部との連携を進めていく上で生かすことが必要であると考

えられる。

おわりに

　本格的なカリキュラム・マネジメントと保育ソーシャルワークを成立・統合・発展させていくことは、新たな時代の保育施設を創る挑戦といえる。すなわち、将来を予測することが困難な時代を迎えようとする中で、各保育施設が、子どもと保護者の人格形成により確かな道筋を与えつつ、より時代に応じた確かな保育を組織として展開する。それと共に、保育施設内外での関係する人々の協働性の創造・拡大と教材開発を推進し、困難を抱える子どもと保護者の問題解決を支えつつ、すべての子どもと保護者の確かな成長保障を追求する。そうした理想を追求する中で、これからの保育施設の経営改革を進めていくことが、今日求められていると考えられるのである。

注
1）引用文中の旧字は、現在使われている漢字や仮名遣いに直している。

引用・参考文献
伊藤良高（2011）「保育ソーシャルワークの基礎理論」伊藤良高・永野典詞・中谷彪編著『保育ソーシャルワークのフロンティア』晃洋書房。
岩間伸之（2007）「ソーシャルワーク（social work）」「ソーシャルワークの過程」山縣文治・柏女霊峰編集委員代表『社会福祉用語辞典［第6版］』ミネルヴァ書房。
エリクソン, E. H.（1997）『幼児期と社会　I』仁科弥生訳、みすず書房。
エリクソン, E. H.／エリクソン, J. M.（2001）『ライフサイクル、その完結〈増補版〉』村瀬孝雄・近藤邦夫訳、みすず書房。
貝塚茂樹（責任編集）（1966）『世界の名著3　孔子論語　孟子孟子』中央公論社。
倉橋惣三（1917）「何を以て導かんとするや」『婦人と子ども』第17巻第2号。
坂田仰（2007）『新教育基本法〈全文と解説〉』教育開発研究所。
高野桂一（1989）「まえがき」高野桂一編著『教育課程経営の理論と実際——新教育課程基準をふまえて——』教育開発研究所。
田村知子（2014）「カリキュラムマネジメントで学校の力を高める」『初等教育資料』通巻915号。
中央教育審議会教育課程企画特別部会（2015）「教育課程企画特別部会　論点整理」2015年8月26日（http://www.mext.go.jp/b_menu/shingi/chukyo/chukyo3/053/sonota/1361117.htm、2018年6月29日最終確認）。

中央教育審議会初等中等教育分科会教育課程部会（2016）「次期学習指導要領等に向けたこれまでの審議のまとめ」2016年8月26日（http://www.mext.go.jp/b_menu/shingi/chukyo/chukyo3/004/gaiyou/1377051.htm、2018年6月29日最終確認）。

中央教育審議会（2016）「幼稚園、小学校、中学校、高等学校及び特別支援学校の学習指導要領等の改善及び必要な方策等について（答申）」2016年12月21日（http://www.mext.go.jp/b_menu/shingi/chukyo/chukyo0/toushin/1380731.htm、2018年6月29日最終確認）。

津守真（1997）『保育者の地平』ミネルヴァ書房。

内閣府・文部科学省・厚生労働省（2017）『幼保連携型認定こども園教育・保育要領〈平成29年告示〉』フレーベル館。

中留武昭（2002）『学校と地域とを結ぶ総合的な学習　カリキュラムマネジメントのストラテジー』教育開発研究所。

中留武昭（2005）「序説　今なぜ、カリキュラムマネジメントなのか」中留武昭編著『カリキュラムマネジメントの定着過程——教育課程行政の裁量とかかわって——』教育開発研究所。

マスロー, A. H.（1979）『完全なる人間——魂のめざすもの——』（新装版）上田吉一訳、誠信書房。

水原熙（2006）「組織」「組織行動」吉田和夫・大橋昭一編著『基本経営学用語辞典［四訂版］』同文舘出版。

山縣文治（2016）「保育ソーシャルワーク考―保育職によるソーシャルワーク VS 保育現場でのソーシャルワーク―」『保育ソーシャルワーク学研究』第2号。

山中秀馬・横松友義（2011）「幼稚園における実効のある保育目標の明確化手順の開発——私立清和幼稚園でのアクション・リサーチ——」『教育実践学論集』第12号。

横松友義（2014）「幼稚園における「実効のある保育目標」が教育の目的という観点から納得できることの重要性」『岡山大学大学院教育学研究科研究集録』第155号。

横松友義（2015）「私立幼稚園における実効のある保育目標明確化手順の実用性・有効性向上の追求」『岡山大学大学院教育学研究科研究集録』第158号。

横松友義（2016a）「私立幼稚園における実効のある保育目標に関する保護者への説明手順の開発」『岡山大学大学院教育学研究科研究集録』第161号。

横松友義（2016b）「私立幼稚園における実効のある保育目標に関する職員研修手順の開発」『岡山大学大学院教育学研究科研究集録』第162号。

横松友義（2017）「各幼稚園でカリキュラム・マネジメントを成立させるための研究者の協働の構想」『岡山大学大学院教育学研究科研究集録』第166号。

第Ⅱ部　保育政策と保育ソーシャルワーク

第7章
保育に関する社会情勢と保育ソーシャルワーク

はじめに

　本章では、保育に関する日本のこれまでの社会情勢と最新の動向について横断的に概観する。

　そして、保育ソーシャルワークが今日求められるまでに至ったマクロ環境について、法改正をはじめ、日本がどのようなことを行ってきたのか、これまでの一連の動きについて、PEST分析を用いて整理したものを紹介する。

　具体的には、政治的要因（Politics）、経済的要因（Economy）、社会的要因（Society）、技術的要因（Technology）の各要因から明らかにした上で、今後の保育士の養成校等を中心に、新たに保育SW養成を行っていくことについて、① 必要性、② 効率性、③ 有効性という3つの観点から検証したものを総合的に「保育に関する情報」として提供するものである。

1 保育に関する社会情勢の変化と日本が取り組む最新の動き

（1）保育ソーシャルワークの必要性を後押しする4つの社会的背景

　子どもたちを取り巻く環境は、年々厳しさを増している状況が続いており、2014年3月発表の「家庭と地域における子育てに関する意識調査」（内閣府、2014、17-19）では、子育てする約9割の人が「地域の支えが重要」と回答していること、に本章では着目した。そこで、子育てする人にとって、今後ますます地域の支えが重要になると考えられる4点を取り上げ、このことに焦点を当てていくことが、今日、保育ソーシャルワークが求められるまでに至った背景を説明できるものとした。

1点めは、「家族形態」である。2015年4月発表の「ひとり親家庭等の現状について」（厚生労働省、2015、1-3）によれば、母子世帯数は、123.8万世帯とひとり親家庭全体の約85％にあたり、25年間で1.5倍に増加と報告された。また、2017年6月発表の「国民生活基礎調査」（厚生労働省、2017、3-4）では、児童のいる世帯のうち、核家族世帯は全体の80.5％という日本の世帯状況も明らかとなったことである。

2点めは、「児童虐待」である。2018年8月発表の全国210か所の児童相談所における児童虐待相談対応件数〈速報値〉（厚生労働省、2018、1-3）によれば、その件数は、13万3778件と過去最多となり、27年連続で増加した。また、18歳未満の子どもの虐待死者数は7人に減ったものの77人もいたこと、その中の28人は無理心中であり、残りの49人の子どもの年齢は0歳が最も多く、32人（65.3％）であったことも報告された。また、被虐待者年齢については、2015年度の内閣府「子供・若者白書」（内閣府、2015、48-50）から、42.6％が未就学児であったということが明らかとなっている。

そしてこのことは、約10年ぶりに「保育所保育指針」の改定（2017年3月）に、影響を与えた要因の1つとなっていることは、明らかなところであり、児童虐待における発生予防から保護者支援までの一連の対策と強化がまさに求められているところである。

3点めは、「発達障害」である。2012年12月発表の「通常の学級に在籍する発達障害の可能性のある特別な教育的支援を必要とする児童生徒に関する調査」（文部科学省、2012、2-6）では、「学習面又は行動面で著しい困難を示す」児童生徒の割合は6.5％であり、このうち小学校は7.7％であることが明らかとなった。なかでも第1学年は、9.8％と最も高いというものである。

4点めは、「子どもの貧困」である。前述の2017年6月発表の「国民生活基礎調査」（厚生労働省、2017、15-16）によれば、「子どもの貧困率」は、2.4ポイント下がり、12年ぶりに改善したとはいうものの、7人に1人にあたる13.9％（2015年調査時点）であると報告された。なかでも、ひとり親家庭となると、2人に1人にあたる50.8％が貧困ライン（1人世帯年収の場合は122万円）以下の生活を余儀なくされているというわが国の実態が明らかとなったというものである。

以上の4点からも明らかなように、妊産婦はじめ未就学児にこそ、今後ますますソーシャルワーク機能を必要とするケースの増加が十分に考えられ、地域の関係機関によるシームレス（切れ目のない）支援体制の強化と未就学児に特化した新たな専門職の導入が求められる背景と意義がここにあると考えられる。

一方で、潜在的かつ慢性的な問題として、待機児童の問題が残っている。国は、待機児童解消の困難な要因として、①1、2歳児の待機児童が7割超であること、②女性就業率、保育申込者数、1、2歳児の保育利用率は、2013年4月の待機児童解消加速化プラン前と比べ、約2倍の伸びであること、③待機児童は、「都市部」に多いこと、の3つを挙げている。

そして、このことをふまえ、2017年6月に「子育て安心プラン」（厚生労働省、2017、4）が策定されたところである。

（2）「子育て安心プラン」に見る保育ソーシャルワークの必要性

子育て安心プランとは、①待機児童を解消するために必要な受け皿約22万人分の予算を2018年度から2019年度までの2年間で確保し、②2020年度末までに待機児童を解消するとともに、③2022年度末までの5年間で25歳〜44歳の女性の就業率80％に対応できる約32万人分の受け皿を整備すること、である。

そして、これを支えるための6つの支援パッケージとして、①保育の受け皿の拡大、②保育の受け皿拡大を支える「保育人材確保」、③保護者への「寄り添う支援」の普及促進、④保育の受け皿拡大と車の両輪の「保育の質の確保」、⑤持続可能な保育制度の確立、⑥保育と連携した「働き方改革」、が打ち出されている。この6つのパッケージの中をさらに細かくみていくと、特にソーシャルワーク機能を必要とするパッケージを2つ挙げることができる。

1つめは、①の保育の受け皿の拡大である。市町村単位で、複数の家庭的保育事業者及び連携施設がコンソーシアムを形成し、情報・ノウハウの共有や、保育環境の整備（共同での備品購入、給食提供、代替保育の連携等）の普及を行っていくこと、医療的ケア児等の多様な保育の受け皿の確保に向けた保育支援が新たに盛り込まれている点は、まさに環境調整、サービス調整が必要であると思われ、ソーシャルワーク機能を必要とする側面が非常に高いことから、今後注目していく必要があると思われる。

さらに、保育園等の設置や増設に向けた地域住民との調整や、地域活動への参加など、保育園等の設置、運営の円滑化を推進するための「地域連携コーディネーター」の自治体への配置や民間企業への委託等を支援することがさらに拡大されていくということも、地域とのつなぎ役としてのソーシャルワーク機能を必要とする側面が非常に高いと思われることから、今後注目していく必要がある。

2つめは、③の保護者への「寄り添う支援」の普及促進である。市区町村による積極的かつ丁寧な把握、利用可能な保育園等の情報の提供等、それぞれの保護者のニーズに応じた適切な保育の提供を行うために、「保育コンシェルジュ」による保護者のための夜間・休日や出張相談（アウトリーチ）などの支援拡大と全国的な普及促進がうたわれている。したがって、仕事と子育ての両立ができる「女性活躍社会」実現に向けた環境調整機能として、ソーシャルワークが求められているとも十分考えられ、今後注目していく必要がある。

2 保育を取り巻くマクロ環境の分析と保育ソーシャルワーク

（1）保育を取り巻くマクロ環境の分析（PEST分析）とは

本節では、今後ますます多様化・複雑化・多問題化が考えられる妊娠期から子育て期における保育現場で、ソーシャルワークの知識・技術を用いて問題解決を図ることができる新たな専門職、「保育ソーシャルワーカー（以下、「保育SW」という）」の必要性について、現状分析を行った。

具体的には、子育てを取り巻く問題の中で、児童虐待をはじめドメスティックバイオレンス（DV）、発達障害、貧困等の問題がより多様化・複雑化してきているため、今後の保育士の養成校等を中心に、新たに保育SWを養成していくことの必要性、効率性、有効性について検討したいため、PEST分析を用いた。

PESTとは、政治的要因（Politics）、経済的要因（Economy）、社会的要因（Society）、技術的要因（Technology）の頭文字を取った造語で、民間企業や組織を取り巻くマクロ環境のうち、現在ないし将来の事業活動に影響を及ぼす可能性のある要素を把握するため、PESTフレームワークを使って外部環境を洗い出

表7-1　PEST分析のフレーム

環境要因	具体的な例示
政治的要因	1）児童福祉法の改正（2016年6月公布、全面施行2017年4月） 2）母子保健法の改正（2016年6月公布、2017年4月施行） 3）「我が事・丸ごと」地域共生社会実現本部の設置（2016年7月設立） 4）学術団体「日本保育ソーシャルワーク学会」設立（2013年11月設立）
経済的要因	1）予算確保と拡充 　○　児童相談所の中核市設置と人材確保、財政支援 　○　市町村への母子健康包括支援センターの法定化と全国展開
社会的要因	1）家族形態の変化（核家族とひとり親家庭の増加） 2）全国児童相談所における児童虐待対応件数の増加 3）発達障害の可能性のある特別な教育的支援を必要とする児童生徒のケース増加と支援体制の整備 4）子どもの貧困の連鎖防止とその対策
技術的要因	1）大学（養成校）等における人材育成、研修体制 　○　保育士養成課程におけるソーシャルワーク科目の見直し 　○　保護者支援等を充実させた保育実習内容の見直し 2）学術団体「日本保育ソーシャルワーク学会」設立（2013年11月設立） 3）福祉系国家資格所有者等の保育士資格取得に向けた対応への検討

出所）筆者作成。

し、その影響度や変化を分析する手法のことである。

　このPEST分析は、経営戦略策定や事業計画立案、市場調査等に一般的に用いられている手法として知られている。今回は、**表7-1**のフレームワークを用いることによって、保育を取り巻く環境が整理できると考え、また保育SWを養成していくことの必要性を導き出す有効な手法として捉えられるとし、ここに紹介するものである（**表7-1参照**）。

　各要因についての分析は、以下のとおりである。

（2）**政治的要因**（Politics）

　政治的要因は、**表7-1**のとおり4点とした。

　1点めとして、「児童福祉法の改正（2016年6月公布、全面施行2017年4月）」（厚生労働省、2016、5-7）において、子どもが家庭において心身ともに健やかに養育されるよう、国及び地方公共団体による「保護者支援」の責務が明記されたとともに、今後、「子ども家庭総合支援拠点」の整備が図られるというものである。

2点めは、児童福祉法とともに「母子保健法も改正（2016年6月公布、2017年4月施行）」（厚生労働省、2016、6-9）され、「母子健康包括支援センター（子育て世代包括支援センター）」が法定化されたとともに、おおむね2020年度末まで、全国展開に向けた市町村への設置促進が図られるということである。具体的には、助産師、保健師やソーシャルワーカー等が配置されることで、妊娠期から子育て期にわたる必要な支援を切れ目なく提供できる地域の包括支援体制が構築されていくというものである。

3点めは、2016年7月発表の「『我が事・丸ごと』地域共生社会実現本部」（厚生労働省、2017、2-6）を設置したことを挙げた。今後の改革の骨格としては、① 地域課題の解決力の強化、② 地域丸ごとのつながりの強化、③ 地域を基盤とする包括的支援の強化、④ 専門人材の機能強化・最大活用、の4つの柱を掲げている。なかでも専門人材の機能強化・最大活用においては、2021年度を目処に、看護師、介護福祉士、保育士などの資格取得に「共通基礎課程」が創設され、専門職の丸ごと化について検討されているというものである。

4点めは、「保育ソーシャルワーク」の学問的基盤の整備として、理論と実践の体系化と組織化が求められるようになり、2013年11月には、学術団体となる「日本保育ソーシャルワーク学会」が設立されたということである。そして、学会認定資格として、2016年に、日本初となる日本保育ソーシャルワーク学会認定資格「保育ソーシャルワーカー」（日本保育ソーシャルワーク学会、2017、1-2）養成研修が実施され、2017年には、第1期生（初級79名、中級15名）となる保育SWが誕生（学会では、3つの等級〈初級・中級・上級〉を設けており、当分の間、初級と中級の認定と登録を行うこととし、上級は2019年〜実施）したというものである。

以上の政治的要因をふまえ、今後の保育士の養成校等が中心となり、新たに保育SW養成を行っていくことについて、① 必要性、② 効率性、③ 有効性の3つの観点から、検証を行い、以下のとおりまとめた。

1）
　各法改正により、保護者支援が確実に求められたとともに、子ども家庭総合支援拠点の整備や子育て世代包括支援センターの法定化の動きは、専

門人材の機能強化・最大活用（丸ごと化）につながる動きである。
　したがって、保育士の養成校等が、保育SWの養成を行っていくことは、まさに社会の要請に応えていくことにつながるだけでなく、保育とソーシャルワークの2つの視点を持ち合わせた専門職養成に効率よく貢献できると思われることから、有効な手段であると考えた。

2）
　学問的基盤を支える学術団体として、「日本保育ソーシャルワーク学会」が設立されたことは、まさに社会の要請に応えた証ということにほかならない。この新たな資源の誕生によって、保育SWとしての専門性を効率よく確立できるとともに、社会的地位を広めることにもつなげられる。また、職業的自立の開拓に向けても有効な第1歩となる。今後は、職能団体の組織化というソーシャルアクションを加速化させていくためにも、保育士の養成校等が、保育SWの養成を行っていくことは、有効な手段であると考えた。

（3）経済的要因（Economy）

　経済的要因は、保育SW自体が制度上、公的に存在しないものの、法改正や「子育て安心プラン」等から明らかなように、保育を基盤とするソーシャルワークを行える専門職の配置が今後、大いに期待されていると思われ、このことは財政面とあわせて考えられることから、**表7-1**のとおり1点挙げた。

　具体的には、児童相談所設置自治体の拡大という法改正に対応した経済的支援の確保や子育て世代包括支援センターの法定化と全国展開の促進に伴う予算の拡充とした。これまで国は、2004年に児童福祉法を改正して、中核市でも児童相談所を設置することができるとしたが、実施されたのは横須賀市・金沢市の2市にとどまり、2017年4月時点でも設置が進んでいない。そのため、市区町村の体制強化として、改めて「児童福祉法を改正（2016年6月公布、全面施行2017年4月）」（厚生労働省、2017、13-15）することで、中核市・特別区が児童相談所を設置できるよう、施行後5年を目途に、必要な支援を実施するとしている

からである。同時に、母子保健法の改正も行い、母子健康包括支援センター（子育て世代包括支援センター）を法定化し、早期段階からの効率のよいシームレス（切れ目のない）ケア体制を全国展開させようとしていることから、そのための新たな人材配置の拡充と新たな予算の確保も期待できると考えた。

また、「子育て安心プラン」における6つの支援パッケージからも、「コンソーシアムの形成」、「医療的ケア児等の多様な保育」、「地域連携コーディネーター」、「保育コンシェルジュ」、「出張相談（アウトリーチ）」といった用語が見受けられることから、確実に保育を基盤としてソーシャルワークを行える専門職の配置を見据えた事業になっていくとも思われ、このことは、財政面とあわせて考えられていくものとして期待できるとした。

以上の経済的要因をふまえ、今後の保育士の養成校等が中心となり、新たに保育SW養成を行っていくことについて、①必要性、②効率性、③有効性の3つの観点から、検証を行い、以下のとおりまとめた。

1）
　法改正による児童相談所設置自治体の拡大ならびに子育て世代包括支援センターの法定化と全国展開という動きがあるということは、そこに新たな職場と専門職が生み出されるということであり、同時に新たな財政支援が行われるということでもある。したがって、保育士の養成校等が保育SWの養成を行っていくことは、これからの新しい国の動きを敏感に捉えながら、人材育成に応えていくということにつながるだけでなく、そのことを視野に入れながら、効率よく新たな人材育成を事業として展開していくこともできることから、有効な手段であると考えた。

（4）社会的要因（Society）

社会的要因は、表7−1のとおり4点とした。

前述のとおり、1点めは、少子高齢化といった人口構造を背景に、核家族やひとり親家庭の増加といった家族形態も大きく変化しているというものである。

2点めは、27年連続で児童相談所における虐待相談対応件数が増加している

ということ、なかでも未就学児が被虐待者となっているケースが4割を超えている状況にあるというものである。

3点めは、通常の学級に在籍する発達障害の可能性のある特別な教育的支援を必要とする小学生の割合（7.7%）が高いというものである。なかでも第1学年の「学習面又は行動面で著しい困難を示す」割合は、9.8%と最も高く、小1プロブレムとの関連も含め、人的支援体制の整備が求められるということである。

4点めは、子どもの貧困である。2014年8月、国の「子供の貧困対策に関する大綱」において、「『学校』を子供の貧困対策のプラットフォーム（連結点）と位置付けて総合的に対策を推進する」としたというものである。

以上の社会的要因をふまえ、今後の保育士の養成校等が中心となり、新たに保育SW養成を行っていくことについて、① 必要性、② 効率性、③ 有効性の3つの観点から、検証を行い、以下のとおりまとめた。

---

1)
少子高齢化といった人口構造をはじめ核家族化、ひとり親家庭等といった家族形態や生き方や生活に対する価値観の多様化等、社会環境が大きく変化する中で、家庭の教育力だけでなく、経済力も低下し、虐待や貧困等に至ってしまう家庭の出現が問題となっている。そこで、保育士の養成校等が保育SWの養成を行っていくことは、まさに日本が抱える喫緊の問題に向けて解決を図っていくことにつながるだけでなく、社会の要請に応じた効率のよい人材育成にもつながることだと思われ、有効な手段であると考えた。

（5）技術的要因（Technology）

技術的要因は、表7-1のとおり3点とした。

まず、1点めは、養成校における人材育成および研修体制を挙げた。現行の保育士養成課程において、ソーシャルワークに関する専門知識や技術を学ぶことができる授業科目として、1つは、保育の本質・目的に関する科目として必

修である「相談援助」がある。もう1つは、保育の内容・方法に関する科目として必修である「保育相談支援」があるが、いずれの科目も、授業形態は、「演習科目」という位置付けとなっている。そこで問題となるのが、演習の前提となる理論や方法を教授する講義科目に相当するものが見当たらないということである。第6回保育士養成課程等検討会（2017年5月）の「保育所保育指針改定を踏まえた保育士養成課程の検討内容」の中でも、保護者と連携した「子どもの育ちの支援」という理念を踏まえた、関係科目（「家庭支援論」「保育相談支援」「相談援助」）の整理・充実、「子育て支援」に関する科目の検討がまさに行われているところである（2017年12月現在、第9回検討会実施済）。

さらに、実習科目として、「保育実習」があるが、実習内容においても今後は、ソーシャルワーク機能を必要とする場面等、つまり、より保護者支援に焦点を当てた実習内容を網羅したものへと見直しを図っていく必要があるのではないかというものである。

2点めは、前述の政治的要因の中でも取り上げた「日本保育ソーシャルワーク学会」の設立と、日本初となる日本保育ソーシャルワーク学会認定資格「保育ソーシャルワーカー」養成研修が実施されたというものである。2017年には、第1期生となる計94名（初級79名、中級15名）の保育ソーシャルワーカーが誕生しており、このことは、新たな職能団体の資源化に向けた動きであり、確実に量的・質的担保に向けて活動し始めている。

3点めは、前述の政治的要因の中でもふれたところであるが、専門職の丸ごと化に向けた技術的な動きがあるというものである。「日本再興戦略」改訂2015——未来への投資・生産性革命——（2015年6月30日閣議決定）の中でも、保育人材確保策の1つとして、「福祉系国家資格所有者等の保育士資格取得への対応について」の記載がなされている。

また、厚生労働省は、「『我が事・丸ごと』地域共生社会実現本部」を設置し、「地域共生社会」の実現に向けた今後の改革の骨格の1つとして、「専門人材の機能強化・最大活用」という柱を掲げ、2021年度を目処に、看護師、介護福祉士、保育士などの資格取得に新たな「共通基礎課程」の創設を検討し、専門職の丸ごと化を図ろうと検討している。

2017年度には、共通基礎課程の検討に着手し、各専門課程の検討を経て、新

たな共通基礎課程の実施を目指すとしている。

　これらのことをふまえ、「保育士養成課程等検討会」ワーキンググループにおいても、保育士養成課程と他の福祉系国家資格の養成課程との比較を行うとともに、他の福祉系国家資格所有者の保育士資格取得への対応についての検討を行っているところである。

　潜在有資格者の中でも保育士が6割強と最も多いという実態の中、まさに多様なキャリア・パス構築等を通じた人材の有効活用は、必要不可欠な視点であり、医療・福祉人材のキャリア・パスを複線化させることで、複数の医療・福祉資格が取りやすくなる。資格取得までの期間が短くなることで、潜在有資格者が別の資格を取って職場復帰する効果も十分期待できることとなる。

　以上の技術的要因をふまえ、今後の保育士の養成校等が中心となり、新たに保育SW養成を行っていくことについて、①必要性、②効率性、③有効性の3つの観点から、検証を行い、以下のとおりまとめた。

1）
　2018年4月から適用されている「保育所保育指針」のポイントの1つに「保護者・家庭及び地域と連携した子育て支援の必要性」が挙げられていることから、今後保育現場でのソーシャルワーク機能が求められるケースが増えていくことは、十分予想される。そこで、「相談援助」や「保育相談支援」を支える学問的基盤となる新たな「保育ソーシャルワーク論（仮称）」等の講義科目の設定が必要であることから、保育士の養成校等が保育SWの養成を行っていくことは、社会の要請に応じた効率のよい人材育成にもつながり、有効な手段であると考えた。

2）
　児童福祉法や母子保健法が改正され、地域の実情に合わせて、確実に保護者支援が強化されるとともに、子ども家庭総合支援拠点の整備や子育て世代包括支援センターが法定化されたことは、保育士をはじめとする今後の専門職の機能強化が期待されるものと思われる。そこで、実習科目である「保育所実習」についても、より保護者支援に焦点が当てられた内容が

求められていくと考えられ、保育士の養成校等が保育SWの養成を行っていくことは、まさに的を射た人材育成を行うことにつながるものと思われることから、有効な手段であると考えた。

3）

　保育所保育指針の中で求める保育者像に確実に近づけていくためにも、保育者の資質・専門性の向上は欠かせない。したがって、保育士の養成校等が保育SWの養成を行っていくことは、社会の要請に応じて高度でハイブリッドな人材をより効率よく養成していくことにもつながり、有効な手段であると考えた。

4）

　「日本保育ソーシャルワーク学会」の設立により、日本初の新たな学会認定資格「保育ソーシャルワーカー」を誕生させることができた。このことは、社会の要請を確実に捉えた動きであると同時に、専門職養成と職能団体を効率よく資源化させ量的・質的担保につなげていくことができることから、保育士の養成校等が、保育SWの養成を行っていくことは、有効な手段であると考えた。

5）

　専門職の丸ごと化の動きは、まさに社会の要請に応じていくことであり、潜在保育士の機能強化・最大活用につながるものでもあり、医療・福祉人材への職場復帰を可能にしていくことである。専門知識はもちろんのこと、技術面においても、よりハイブリッドな専門職を効率よく養成できることにもつながることから、保育士の養成校等が保育SWの養成を行っていくことは、有効な手段であると考えた。

3 ｜ これからの地域の中で求められる視点と保育ソーシャルワーク

　前述のとおり、児童福祉法とともに母子保健法も改正（2017年4月施行）され、「母子健康包括支援センター（子育て世代包括支援センター）」が法定化されるとと

もに、おおむね2020年度末まで、全国展開に向けた市町村への設置促進が図られることとなった。

　子育て世代包括支援センターの必須業務としては、大きく4つ掲げられている。①妊産婦・乳幼児等の実情を把握すること、②妊娠・出産・子育てに関する各種の相談に応じ、必要な情報提供・助言・保健指導を行うこと、③支援プランを策定すること、④保健医療または福祉の関係機関との連絡調整を行うこと、である。

　配置職員については、厚生労働省雇用均等・児童家庭局「子育て世代包括支援センターの設置運営について（通知）」（母子保健課雇児発0331第5号平成29年3月31日）の中で、センターには保健師等を1名以上配置することが記載されており、保健師・助産師等のこれまでの母子保健活動の経験を生かすことで、センターの業務を効果的かつ効率的に展開することができるとなっている。また、保健師や助産師、看護師をはじめとする医療職に加えて、精神保健福祉士、ソーシャルワーカー（社会福祉士等）といった利用者支援専門員、地域子育て支援拠点事業所の専任職員となる福祉職を配置することが望ましいとされているところである。

　本章では、上記①〜④の業務を他（多）職種と対等に連携できるソーシャルワーカー（基礎資格として保育士を保有している社会福祉士等）、すなわち、保育SWこそが最もふさわしい職員ではないかと考えている。さらに、これからは、人口減少対策、少子化対策、定住人口促進という視点からも、子ども中心のやさしいまちづくりという観点に立って考えていくこともできるコミュニティソーシャルワーカーの役割も期待されるものと思われる。

　したがって、これからのやさしいまちづくりには、乳児期から高齢期といった「時間軸」から捉えることのできる視野と家庭・保育現場・地域といった「空間軸」から捉えることのできる視野も併せ持ったやさしい（優しい・易しい）視点が求められ、それは、木も林も森も見る（観る、視る、診る）という視点でもある。

　ケアワークを丁寧に展開しながら、今、家庭や地域には、どのように制度やサービスが求められ、ソーシャルアクションを仕掛けていけばよいのかも含めて、冷静に地域を見つめることができる人材が求められる。そのためにも、保

育SWが、子育て世代包括支援センターを拠点に、確実かつ着実に配置され、担当区域の保育所等を巡回できる体制づくりが早急に整備されていくことを期待したいと同時に、そこにこそ、これからソーシャルアクションを展開していかなければならないと考える。

おわりに

　近年のキーワードとして、高齢者関連では「地域包括支援」や「地域包括ケア」、障がい児・者関連では「ソーシャル・インクルージョン（社会的包摂・包含）」や「総合支援」、生活困窮者・貧困関連では「ワンストップ」や「プラットフォーム（連結点）」、地域福祉関連では「我が事・丸ごと」や「地域共生社会」、医療関連では「総合診療」や「地域連携」、そして児童家庭福祉や保育・教育関連では、「切れ目ない（シームレス）支援」をはじめ「インクルーシブ保育」、「インクルーシブ教育」や「チーム学校」が使用されるようになってきた。
　どれも生じている問題そのものが多岐にわたり複雑化、複合化しているため、窓口を一本化し、関連諸問題を排除せずに、チームで解決に導くことができるようなシステムや社会を実現しようという動きである。なかでも児童虐待をはじめDV、貧困等の問題となれば、歯止めがかかりづらく、見えづらいため、包括的かつシームレスケアの視点での対応が特に必要であることから、より高度かつハイブリッドな専門知識と技術が求められていくことになる。
　そのなかでも「保育」にこそ、ワンストップ化が求められ、そのつなぎ役として重要な存在が保育ソーシャルワーカーであると思われる。そこで、保育ソーシャルワーカーとしての存在価値を示していくためには、マンパワーとして、単に量的に保育専門人材を丸ごと増やすだけにせず、複眼的視点を持ち合わせたハイブリッドな資格者という側面からの丸ごと化が求められている方向へと促進させていくことが重要である。したがって、保育ソーシャルワーカーとは、多（他）分野にわたり、極めて学際的でハイブリッドな視点を持ち合わせたスペシャリストであり、総合的・包括的でジェネリックなアプローチを目指す最先端の専門職といえる。
　以上のことから、子どもや保護者を取り巻く問題は、今後ますます複合化、

多様化していくと思われ、保育現場等に特化したソーシャルワークを担う高度な人材は、確実に必要とされ、地域課題解決者の１人となりうる重要な社会資源となっていくと考える。

引用・参考文献

厚生労働省（2015）『ひとり親家庭等の現状について』（http://www.mhlw.go.jp/file/06-Seisakujouhou-11900000-Koyoukintoujidoukateikyoku/0000083324.pdf、2017年6月1日 最終確認）。

厚生労働省（2016）『児童福祉法等の一部を改正する法律の施行について』（http://www.mhlw.go.jp/file/06-Seisakujouhou-11900000-Koyoukintoujidoukateikyoku/1_6.pdf、2017年6月1日 最終確認）。

厚生労働省（2016）『第5回市区町村の支援業務のあり方に関する検討WG』（http://www.mhlw.go.jp/file/05-Shingikai-11901000-Koyoukintoujidoukateikyoku-Soumuka/0000146786.pdf、2017年6月1日 最終確認）。

厚生労働省（2017）『児童家庭福祉の動向と課題（児童相談所長研修）』（http://www.crc-japan.net/contents/situation/pdf/201705.pdf、2017年6月1日 最終確認）。

厚生労働省（2017）「『保育士養成課程等検討会』ワーキンググループにおける議論の整理」（http://www.mhlw.go.jp/file/05-Shingikai-11901000-Koyoukintoujidoukateikyoku-Soumuka/shiryou1_3.pdf、2017年6月1日 最終確認）。

厚生労働省（2017）「『子育て安心プラン』について」（http://www.kantei.go.jp/jp/singi/syakaihosyou_kaikaku/dai7/shiryou7.pdf、2017年9月1日 最終確認）。

厚生労働省（2017）『国民生活基礎調査』（http://www.mhlw.go.jp/toukei/saikin/hw/k-tyosa/k-tyosa16/dl/16.pdf、2017年7月1日 最終確認）。

厚生労働省（2018）『平成29年度 児童相談所での児童虐待相談対応件数〈速報値〉』（http://www.mhlw.go.jp/stf/houdou/0000173365_00001.html、2018年8月30日 最終確認）。

内閣府（2014）『家族と地域における子育てに関する意識調査 報告書（概要版）』（http://www8.cao.go.jp/shoushi/shoushika/research/h25/ishiki/pdf/gaiyo.pdf、2017年6月1日 最終確認）。

内閣府（2015）『子供・若者白書』（http://www8.cao.go.jp/youth/whitepaper/h27honpen/pdf/b1_05_02_01.pdf、2017年6月1日 最終確認）。

日本保育ソーシャルワーク学会（2017）『初級‐中級保育ソーシャルワーカー養成研修のご案内』（https://jarccre.jimdo.com/、2017年9月1日 最終確認）。

末冨芳（2015）「子どもの貧困対策のプラットフォームとしての学校の役割」『日本公共政策学会 2015年度研究大会・企画パネル報告（改訂版）』。

宮内俊一（2017）「保育ソーシャルワーカーに関する一考察」『社会保育実践研究』創刊号。

文部科学省（2012）『通常の学級に在籍する発達障害の可能性のある特別な教育的支援を必要とする児童生徒に関する調査』（http://www.mext.go.jp/a_menu/shotou/tokubetu/material/__icsFiles/afieldfile/2012/12/10/1328729_01.pdf、2017年6月1日 最終確認）。

第8章
保育ソーシャルワークから見た保育課程・教育課程政策

はじめに

　本章は、保育所、幼稚園及び認定こども園における保育課程・教育課程政策の動向と課題について、保育ソーシャルワークの視点から検討しようとするものである。その構成は、以下のようになる。

　まず、保育における保育課程・教育課程の意義と必要性について押さえ、次に保育所保育指針、幼稚園教育要領、幼保連携型認定こども園教育・保育要領における保育課程・教育課程の変遷とその背景について述べる。そして、最後に保育課程・教育課程に基づいた保育実践の課題について述べ、保育ソーシャルワークの視点から今後を展望する。

1　保育課程・教育課程とは

（1）保育における保育課程・教育課程の意義

　保育所、幼稚園にはそれぞれ保育課程、教育課程と呼ばれるものがある。2017年告示の「保育所保育指針」（以下「保育指針」と略）において、それまで使用されていた「保育課程」から「全体的な計画」へと文言は変更されたが、この「全体的な計画」は幼稚園との整合性を図るための変更であり、それまでの「保育課程」に相当すると考えられている（無藤・汐見、2017）。

　そこで、ここでは「全体的な計画」という言葉を使用し、保育所における保育課程、教育課程の意義について考えていくこととする。

　保育指針「第1章総則　3保育の計画及び評価」において、保育所は、「保

育の目標を達成するために、各保育所の保育の方針や目標に基づき、子どもの発達段階を踏まえて、保育の内容が組織的・計画的に構成され、保育所の生活の全体を通して、総合的に展開されるよう、全体的な計画を作成されなければならない。」ことが新たに明記された。ここでいう保育の目標とは、保育指針「1 保育所保育に関する基本原則　保育の方法」にある次の6点である。すなわち、「ア　一人一人の子どもの状況や家庭及び地域社会での生活の実態を把握するとともに、子どもが安心感と信頼感をもって活動できるよう、子どもの主体としての思いや願いを受け止めること。イ　子どもの生活のリズムを大切にし、健康、安全で情緒の安定した生活ができる環境や、自己を十分に発揮できる環境を整えること。ウ　子どもの発達について理解し、互いに尊重する心を大切にし、集団における活動を効果あるものにするよう援助すること。エ　子ども相互の関係づくりや互いに尊重する心を大切にし、集団における活動を効果あるものにするよう援助すること。オ　子どもが自発的・意欲的に関われるような環境を構成し、子どもの主体的な活動や子ども相互の関わりを大切にすること。特に、乳幼児期にふさわしい体験が得られるように、生活や遊びを通して総合的に保育すること。カ　一人一人の保護者の状況やその意向を理解、受容し、それぞれの親子関係や家庭生活等に配慮しながら、様々な機会をとらえ、適切に援助すること」である。これらの保育の目標を達成するために全体的な計画の作成が必要とされているが、この全体的な計画がいわゆる保育課程と考えられる。ではこの全体的な計画とはどのようなものであろうか。

　保育指針をみてもその定義は定かではない。しかし、全体的な計画とは、「保育所保育の全体像を包括的に示すもの」であり、「子どもや家庭の状況、地域の実態、保育時間などを考慮し、子どもの育ちに関する長期的な見通しをもって」作成することとなっている。そしてそれに基づき、より具体的な計画である指導計画、保健計画、食育計画を作成し展開していくことが示されている。この指導計画、保健計画、食育計画といったそれぞれの内容は保育士等の役割分担により実施されていくものであるが、専門性の向上及び保育の質の向上のためには、それらの保育実践を振り返り、保育士等だけでなく保育所として自己評価を行い、全職員の共通理解をもって課題を明らかにしていくよう取り組む必要性がある。この点については、2017年の改定により新たに加えられ

た「組織的・計画的」という文言からも、保育士等が保育所全体の保育方針や理念、目標に共通認識を持ち、計画的に保育実践を行い、評価し見なおすという保育の改善のための組織的な取り組みが求められていることを窺い知ることができる。すなわち、全体的な計画とは、全職員が保育目標に共通認識を持ち、それに基づき計画的な保育実践を振り返り、評価し、改善を図っていく組織的な取り組みの基盤、さらには保護者や地域社会に対する各保育所の説明資料ともなりうるものであるといえよう。

　一方、幼稚園においては「教育課程」がある。そもそも幼稚園教育は、学校教育法第22条に述べられている「義務教育及びその後の教育の基礎を培うものとして、幼児を保育し、幼児の健やかな成長のために適当な環境を与えて、その心身の発達を助長すること」を目的とした学校である。そして、この目的を達成するため幼児期の特性を踏まえ環境を通して教育することが基本とされている。そこにおける教育課程は2017年告示の幼稚園教育要領（以下「教育要領」と略）「第1章総則　第3　教育課程の役割と編成等」において、「各幼稚園においては、教育基本法及び学校教育法その他の法令並びにこの幼稚園教育要領の示すところに従い、創意工夫を生かし、幼児の心身の発達と幼稚園及び地域の実態に即応した適切な教育課程を編成するものとする」と述べられている。また、「教育課程の実施状況を評価してその改善を図っていくこと、教育課程の実施に必要な人的又は物的な体制を確保するとともにその改善を図っていく」ことを通し、幼稚園教育における教育の質の向上を図るという教育課程に基づいたカリキュラム・マネジメントの重要性も示されているところである。

　保育の質の向上のためには、幼稚園教育の目的や各幼稚園の方針に基づき、入園から修了に至る長期的な見通しをもって計画をたて、実践・評価し、改善を図っていくことが求められる。その意味において、幼稚園における教育課程は保育所の全体的な計画と重複している。しかし、幼稚園においてはあくまで教育課程にかかる教育時間は4時間が標準であり、いわゆる預かり保育とされる教育課程に係る教育時間の終了後等に行う教育活動の計画や学校保健計画および学校安全計画の上位にあるものとはされていない点が異なるところであろう。

(2) 保育課程・教育課程の編成

では、全体的な計画、教育課程はどのように編成されるのだろうか。それぞれの編成については様々な先行研究がある[1]。保育所における全体的な計画がこれまでの保育課程と同様のものとすると、2008年発表の保育指針解説書が参考になろう。すなわち、解説書によると、1）保育所保育の基本について職員間の共通理解を図る。児童福祉法や児童に関する権利条約等関係法令を理解する。保育所保育指針、保育所保育指針解説書の内容を理解する。2）各保育所の子どもの実態や子どもを取り巻く家庭・地域の実態及び保護者の意向を把握する。3）各保育所の保育理念、保育目標、保育方針等について共通理解を図る。4）子どもの発達家庭を見通し、それぞれの時期にふさわしい具体的なねらいと内容を一貫性を持って組織するとともに、子どもの発達過程に応じて保育目標がどのように達成されていくか見通しを持って編成する。5）保育時間の長短、在所期間の長短、その他子どもの発達や心身の状態及び家庭の状況に配慮して、それぞれにふさわしい生活の中で保育目標が達成されるようにする。6）保育課程に基づく保育の経過や結果を省察、評価し、次の編成に生かす。以上のように参考例が挙げてある。これらにあるように、全体的な計画では保育所、幼稚園のそれぞれ園や地域の実態を把握し、特色を生かしたものとするよう必要がある。そのためには全職員が把握する子どもの実態を明らかにした上で、発達段階に即したふさわしい生活を保障する計画をたてなければならない。さらに、保育指針では、これまでの5領域である「健康・人間関係・環境・言葉・表現」以外に、保育所における幼児教育の目標ともいえる「育みたい資質・能力」及び「幼児期の終わりまでに育ってほしい姿」が加えられた。なかでも「幼児期の終わりまでに育ってほしい姿」においては、健康な心と体、自立心、協同性、道徳性・規範意識の芽生え、社会生活との関わり、思考力の芽生え、自然との関わり・生命尊重、数量や文字などへの関心・感覚、言葉による伝え合い、豊かな感性と表現という10の具体的な姿が明示されている。これは小学校との接続を意識した内容であり、これらをどのようなプロセスで身に付けていくかといった長期的な視野をもって計画していくことが求められよう。

また、教育課程においては教育要領のなかで「幼児期の発達の特性を踏まえ、

入園から修了に至るまでの長期的な視野をもって充実した生活が展開できるように配慮する」ことや、その教育週数が39週を下ってはならない（特別な場合を除く）ことが示されている。また先述したように、教育課程に係る教育時間は４時間が標準とされている。教育課程の編成にあっては、保育所における全体的な計画の編成と同様に、小学校との接続にあたって「幼児期の終わりまでに育って欲しい姿」が示されており、幼稚園教育が小学校以降の生活や学習の基盤となる必要がある。小学校教育が円滑に行われるためには、小学校教師との意見交換や合同の研究の機会などを盛り込むことも求められよう。しかし、小学校教育における教育課程とは異なるものであることは言うまでもなく、「教育課程の編成上の留意事項」のなかで、「活動がそれぞれの時期にふさわしく展開されるようにすること」や「幼児が安心して幼稚園生活を過ごすことができるよう配慮すること」が求められているように、幼児１人１人に合わせたにふさわしい生活を通して、主体的に活動できるよう、教職員全体で協力し編成していかなければならない。とりわけ、３歳児や満３歳児は家庭との連携を密にとることで、生活リズムや安全面に十分配慮した内容とすることが必要となる。

2 ｜保育課程・教育課程政策の変遷

　保育所は、1947年制定の「児童福祉法」に法的根拠をもつ児童福祉施設の１つである。また、幼稚園は1947年制定の「学校教育法」に基づいた学校であり、幼保連携型認定こども園とは、2004年制定の「就学前の子どもに関する教育、保育等の総合的な提供の推進に関する法律」に基づいた学校であり児童福祉施設となっている。それぞれの運営のガイドラインとして保育指針、教育要領、幼保連携型認定こども園教育・保育要領（以下、「教育・保育要領」と略）がある。これらの前身として1948年に文部省より「保育要領――幼児教育の手引き――」が発刊され、幼稚園だけでなく保育所や保護者にも役立つものとして戦後の幼児教育に新しい風をふきこむことになった。1956年には幼稚園の役割を明確にした「教育要領」、そしてその９年後である1965年には「保育指針」がそれぞれ刊行され、その後10年ごとに改定を重ねてきている。ここではそれぞ

れ改定に沿って保育課程・教育課程の変遷をみていきたい。

（1）保育所保育指針と保育課程

1952年、厚生省児童家庭局は全153頁からなる「保育指針」を刊行している。このなかにおいて、「六　保育計画」の項目が設定され、「保育の計画を立てる際には、先ず社会や国家が要求する児童像を建てることが必要である。そのため、児童の地域や家庭、児童自身の実態をつかみ、保育内容を決めること。計画の中には生活指導、保健指導、家庭の指導など、身心の両面と環境の整備などを考慮に入れること、一応科学的に割り出されている発達標準や受け持ちの児童の発達と興味を基礎にすること、季節や行事などを考慮すること」と示されている。ここでは表現の違いこそあれ、目標となる子どもの姿、及び子どもの発達段階や興味・関心に基づき保育内容を決めなければならないという現在の保育課程に通じるものが見られる。保育指針の対象は家庭、保育所・養護施設における子どもであったことから内容には乳児院や養護施設における保育計画のたて方も含まれているものであった。

1965年には初めて「保育所保育指針」が刊行され、保育の目標として、「1　情緒の安定と心身の調和的な発達を図る、2　養護のゆきとどいた環境の中で、健康、安全などの基本的な習慣や態度を養う、3　遊びや仕事を行い、自主、協調などの社会的態度を養う、4　自然や社会の事象に興味や関心をもつ、5　ことばを豊かに、正しく身につける、6　いろいろな表現活動を通じて創造性を養う、7　豊かな情操を養い、思考力の基礎と道徳性の芽生えを培う」ことが挙げられている。そして、保育内容は年齢ごとに区分され1歳3カ月未満及び、1歳3カ月から2歳までは生活・遊びの2領域、2歳は健康・社会・遊びの3領域、3歳は健康・社会・言語・遊びの4領域、4、5、6歳は健康・社会・言語・自然・音楽・造形の6領域となっていた。また第10章では指導計画作成上の留意事項が設けられ、年間指導計画、期間・月間指導計画、週案・日案の作成などの作成を促す内容が示され（山下、1965）、4歳以上の保育内容では教育要領のそれとおおむね合致していた。この領域や指導計画の設定にあっては教育要領との整合性を明らかに意識したものであったと考えられる（余公、2011）。

1990年には保育指針が改定され、そのなかで0歳から2歳までの保育内容がひとまとめとされた。3歳から6歳児までは幼稚園同様、健康・人間関係・環境・言葉・表現の5領域と改められた。また、「11章 保育の計画作成上の留意事項」において、「全体的な「保育計画」と具体的な「指導計画」からなる「保育の計画」を作成する」ことが示された。そして、指導計画の作成にあたり、家庭や地域社会との連携の必要性や小学校との連携などの文言が追加されるなど、子どもの育ちを園だけでなく家庭、地域社会といった広い視野のなかでみていく必要性が明示されたのである。

1999年の改訂にあっても先の改訂内容である基礎的事項と5領域はそのまま引き継がれたが、子どもの発達に関してそれまでの年齢区分でなく、発達過程区分となり、乳幼児1人1人の発達過程をみながら保育を実施するという方向性に変化した。さらに子育て支援の場として保育者の役割を重要視していることが強調される内容となった（小山、2015）。そして、2008年の保育指針では初めて法的拘束力を持つ「告示」となり、また教育要領と同年の改訂となった。内容としても共通した点が増え、保育指針が教育要領に近づいたとされている。そして、この改定において初めて「保育課程」という文言が公的に使用された。保育指針のなかで、保育所は「保育の目標を達成するために、保育の基本となる「保育課程」を編成するとともに、これを具体化した「保育の計画」を作成しなければならない」とされ、これまで指導計画とともにそれまで保育の全体計画を示す用語であった「保育計画」が「保育課程」に改められた。この変更の背景には、保育所の計画性や組織性を高め、保育士の専門性や保育の質の向上を図ろうとするねらいがあったとされる。同年の解説書では、社会状況の変化に伴い、保育所が担わねばならない役割が増加しつつあるなかにおいて、「子どもの最善の利益を保障しその責任を果たしていくためには、今まで以上に保育の質の向上が求められます。何よりも大切なのは、一人一人の職員の人間性や専門性を高めることと保育所全体が組織として計画的な保育実践とその評価、改善という循環的な営みによって保育の質の向上を図ることです」と述べられている。すなわち、成育歴や家庭環境が異なり、また保育時間や保育期間も異なる子どもがいる保育所において、「子どもの発育・発達を一貫性を持って見通し、発達過程に応じた保育を体系的に構成し、保育に取り組む」た

めには、子どもの実態を踏まえ、0歳から就学前までの子どもの発育・発達を見通し、計画をたてて保育を実施していくことが必要であることが示されたのである。それと同時に、勤務する職員の職種や勤務時間も同一でない体制のなかで、保育の質を担保していくためには、保育所保育の全体像を描き出す包括的な捉え方としての「保育課程」を他の計画の上位に位置付け、全職員が共通認識を持って保育を実践することも重要視されたといえよう。もちろん、これまでの「保育計画」においても、地域の実態や子どもの発達、家庭状況や保護者の意向、保育時間等を考慮して作成するという点は見られたことであり、「保育課程」にも引き継がれている。しかし、「保育計画」から「保育課程」へと変更されたことは、「保育の計画」と「保育計画」が混同されがちであった状況もあり、また保育所の全職員で編成し、組織的・計画的に保育を実施していくための取り組みとして意義のあるものであったのである。

(2) 幼稚園教育要領と教育課程その他の保育内容

では、教育要領はどうであろうか。1956年、文部省は先の保育要領を基に教育要領を刊行した。ここでは、保育内容を健康・社会・自然・言語・音楽リズム・絵画製作という6つの領域にまとめ説明している。保育要領における保育内容の項目が12と多すぎるということを受けての変更であったが、保育現場では「幼稚園教育を小学校以上の学校教育の教育目標や教育方法と同じ」と捉えるという批判も見られた。1964年の改訂では、教育要領は告示化され法的拘束力をもつものとなった。それは幼稚園教育の内容、指導計画の作成およびその運営という3章から構成されたものであり、先の教育要領と同じく保育内容が6領域に分けられ、小学校以上の教科とは異なるものと明記されていた。しかし、実際には小学校と一貫性を持たせることを目指したものであり、時間割の形式で時間配分されていたり、各領域別に活動を構成したりと教科主義的な傾向が広まっていくことになったという（柴本、2006）。

1989年の改訂ではそれまでの6領域の保育内容を現行の5領域へと変更し、領域を保育内容を構成するための視点として示したものであった。また学校教育の一環である、というそれまでの多くの見方と決別するため、ねらいを「幼稚園修了までに育つことが期待される心情、意欲、態度」と打ち出している。

そして1998年の改訂では、社会状況や女性の社会進出等を受け、「第3章　第2　教育課程に係る教育時間の終了後等に行う教育活動などの留意事項」において、教育課程に基づく活動を考慮することなど、教育課程を担当する教師との連携の必要性についても触れられた。そして、さらに幼稚園の運営にあたっては、「保護者や地域の人々に機能や施設を開放して、園内体制の整備や関係機関との連携及び協力に配慮しつつ、幼児期の教育に関する相談に応じたり、情報を提供したり、幼児と保護者との登園を受け入れたり、保護者同士の交流の機会を提供したりするなど、地域における幼児期の子育て支援のセンターとしての役割を果たすこと」と記されており、地域子育て支援の需要の高まりとともに幼稚園全体としてそれに取り組んでいく姿勢が示されたものとなった。また2008年の改訂では、小学校との連携を強化することを視野にいれ、幼稚園における主体的な遊びを中心とした総合的な指導から小学校への一貫した流れができるように配慮することが特徴であった。

（3）幼保連携型認定こども園教育・保育要領と教育課程その他の教育及び保育の内容

　幼保連携型認定こども園は、2012年制定の「子ども・子育て支援法」「認定こども園法の一部を改正する法律」「子ども・子育て支援法及び認定こども園法の一部改正の施行に伴う関係法律の整備等に関する法律」という子ども・子育て3法の制定により推進されたものである。そのなかにおいて、2014年に初めて教育・保育要領が告示されている。これは教育要領を基礎とし作成されたものであり、保育所・幼稚園と同じく5領域の観点からねらい及び内容を構成することとなっている。特に、認定こども園では、「就学前の子どもに関する教育、保育等の総合的な提供の推進に関する法律」、いわゆる「認定こども園法」において、在園児及び地域の保護者に対する子育ての支援が義務付けられている。そのため、「第1章総則　第2　教育及び保育の内容並びに子育ての支援等に関する全体的な計画等」のなかで、全体的な計画は「子育て支援と有機的に連携し、園児の園生活全体を捉え、作成する計画である」と示されている。在園児の子育て支援においては、就労形態や生活形態が異なる保護者がいることを踏まえ、園行事は就労状況に関わらず参加しやすい日程調整を行ったり、

保護者同士が相互に新たな考えに気付くことができるような保護者会を開催したりといった工夫や子育てに喜びを感じることができるような支援の在り方を考えていくことが求められている。また地域に向けた子育て支援としては、地域の子育て支援の中核となるように、それぞれの園が持つ特色や専門性を発揮し、地域における他機関との連携・協働しながら取り組んでいくことも必要であろう。[2]

認定こども園では在園時間が異なる園児が一緒に過ごしているという前提があり、それに伴って子ども1人1人の生活やリズムの違い、体調の違いがある。子どもが一緒に過ごす「教育課程に係る教育時間」においては、子どもがそれぞれのペースにしたがって遊ぶことができるように様々なスペースを設定するなど、学級全体が豊かに広がるような環境づくりや活動の工夫をしておくことが肝要であろう。また夏休みや冬休みといった長期的な休暇中に園で過ごす子どもとそうでない子どももいるため、その体験の違いを考慮しながら子どもや保護者に対応していくことが大切である。

3 保育ソーシャルワークの視点から見た保育課程・教育課程政策の課題

近年、保育・幼児教育現場において保育ソーシャルワークの必要性が高まっている。保育ソーシャルワークの定義については諸説あり、決まったものはない。しかしここでは、第5章に示してあるように、「保育ソーシャルワークとは、保育とソーシャルワークの学際的・統合的な概念として位置づけられ、子どもと保護者の幸福のトータルな保障をめざし、その専門的知識と技術をもって、保育施設や地域社会における特別な配慮を必要とする子どもと保護者（障がいや発達上の課題、外国にルーツをもつ子どもや家族、育児不安、不適切な養育、虐待や生活上の課題）に対して行われる支援である」と捉え、保育ソーシャルワークの視点から今後の保育・教育課程政策の課題について考えていくこととする。

（1）保育課程・教育課程に基づく保育実践における課題

ここでは課題として1点指摘したい。すなわち、保育課程・教育課程の対象

となる子どもをいかに援助していくかという保育士の専門性についてである。先述してきたとおり、保育所及び認定こども園では全体的な計画、幼稚園においては教育課程に基づいてそれぞれ保育が実施されている。そして保育課程の対象は期間の長短にかかわらず登園しているすべての子どもである。近年の社会状況の変化に伴い、子どもを取り巻く環境は厳しいものがある。例えば、厚生労働省の調査によると、2016年度の児童虐待対応件数は12万2578件と過去最高を記録している（厚生労働省、2017）。なかでも2014年度の調査では被虐待児の約4割が0歳から就学前の子どもであり、その影響は計り知れないものがある。また、保育現場では「気になる子ども」が増加していることも挙げられる。「気になる子ども」とは一般的に「特別な配慮を必要とする子」「障害のある子」「発達に課題やつまずきのある子」等、様々な文脈で使用されているが、具体的には「言葉が出ない・遅い」、「視線が合わない」、「特定の遊びや遊具等にこだわる」、「不注意ミスが目立つ」といった自閉症スペクトラム等の特徴がみえる子どもであるとされる（櫻井、2015）このような様々な生育歴や家族背景、特徴をもった子ども1人1人の違いを受け止め、その子どもの主体性を大切にしながら保育を実践していくためには、障害の状態や発達の段階といった子どもの実態を踏まえた関わり方を身に付けておくことが求められる。さらには、昨今のグローバル化を受け、海外から帰国した子どもの受け入れのケースも増え、すぐに日本語の習得や日本文化へ適応することが困難な子どもへの支援も求められているところである。この場合には当事者である子どもへの援助にあたって、保護者と連携し家庭での様子や園での対応に共通理解をしながら対応していくことや、また他児及び他児の保護者への相互理解も促していく工夫なども必要である。

　2017年改訂の教育要領「第1章総則」において、「第5　特別な配慮を必要とする幼児への指導」として、特別支援学校などの助言や援助を活用しつつ、個々の幼児の障害の状態などに応じた指導内容や指導方法の工夫を組織的かつ計画的に行う」こと、また「家庭、地域及び医療や福祉、保健等の業務を行う関係機関との連携を図り、長期的な視点で幼児への教育的支援を行うために、個別の教育支援計画を作成し活用することに努める」ことが示された。また海外から帰国した子どもについては「安心して自己を発揮できるよう配慮するな

ど個々の幼児の実態に応じ、指導内容や指導方法の工夫を組織的かつ計画的に行う」事が求められている。すなわち、このような様々な事柄に対して、園のみで対応、解決していくのではなく、家庭をはじめ他の幅広い関係機関や地域における人材と連携し、協働していくことが求められているのである。鶴宏史ら（2016）は、保育ソーシャルワークの機能を15の項目に分け説明している。詳細は別に譲るが、なかでも子どもや保護者、社会資源の仲介者としての役割である仲介機能や社会的サービスやインフォーマルな社会資源との連携者としての連携機能、保護者とともに問題解決に取り組み、協働する役割としての相談援助機能などが挙げられている。保育現場においては保育士、幼稚園教諭、保育教諭がその機能、すなわちソーシャルワークを実施していくことが求められているのである。

　しかし、保育現場におけるソーシャルワーク実践を誰が担うかという点については様々な議論がある。現状では幼稚園教諭、保育教諭及び保育士がその役割を果たしている状況にあるが、灰谷和代（2016）は児童虐待への対応における保育所でのソーシャルワーク実践について検討し、保育現場からの児童虐待相談数が少なく、保育現場における「ソーシャルワーク実践が活発であるとは言い難い」と指摘している。また、山本佳代子（2014）は保育所を中心とした地域連携の実践的課題について、保育士がネットワークの一員として地域の社会資源と連携していくためには、「保育士の『連携』に対する意識」が問われると述べ、保育士のソーシャルワーク実践の限界について触れている。しかし、先述してきたとおり、保育課程・教育課程において保育士、幼稚園教諭、保育教諭が保育ソーシャルワークを実践していくことが求められていることからすると、その役割をいかに果たしていくか、その専門性の向上は重要な課題ではないだろうか。

（2）今後の展望

　保育現場における専門性の向上を図っていく必要については先に述べた。しかし多忙を極める保育現場において職員1人1人がそれぞれ保育ソーシャルワークを実践していくことは難しいことは想像に難くなく、主に保育ソーシャルワークを実践していく職員の存在が必要であろう。伊藤良高（2011）は関係

機関との連携のために保育現場と関係機関をつなぐコーディネート力と関係機関のサービスを調整、整備、開発することができるマネジメント力が必要な立場として、園長、主任保育士、中堅保育士を挙げている。また、南友二郎（2016）は、社会福祉法人を対象とし、組織間での連携体制を形成していくためには、重層的に存在するリーダーとして、機関の中核を担うメンバーが組織の目的や理念を共通認識し、組織を牽引していく力を持つことの必要性を指摘している。

厚生労働省は2017年に「保育士のキャリアアップの仕組みの構築と処遇改善について」を発表し、職務内容に応じた専門性の向上を目指した研修システム案を打ち出している。研修内容としては、乳児保育、幼児教育、障害児保育、食育アレルギー、保健衛生・安全対策、保護者支援・子育て支援、保育実践、マネジメントという8項目に分かれており、それらを受けることによって、これまでの園長、主任保育士だけでなく、新設された副主任保育士、専門リーダー、職務分野リーダーとなることが可能となるものである。研修の具体的中身については明らかになっておらず、保育ソーシャルワークに求められる内容と重複していることも考えられる。今後詳細な検討が望まれるところである。

おわりに

本章では、保育課程・教育課程の意義とその編成について踏まえた上で、保育実践における課題について述べてきた。その文言は、時々によって「保育の計画」、「保育計画」、「保育課程」、「全体的な計画」と変更されてきた経緯がある。しかし、これらを作成する目的はいつの時代も1人1人の子どもを大事にし、1人の人間として自ら育てていくことに変わりはないはずである。在園するすべての子どもに対する内容であるならば、絵に描いた餅になることなく、その実践が可能となるような取り組みが求められている。

注
1）例えば、小林小夜子・三村三代子・前田美保子「保育所保育指針改定（平成20年3月）に伴う保育課程の編成——M保育園の場合」『長崎女子短期大学紀要』第33巻、

2009年、pp. 95-105。木村たか子「保育課程作成の事例」『関東短期大学紀要』、第53巻、2009年、pp. 137-163。清水益治・小椋たみ子・鶴宏史・南憲治「保育所における保育課程の編成に関する研究」『帝塚山大学生活学部紀要』、第7号、2011年、pp. 117-132頁。溝口綾子「幼稚園における教育課程の編成――帝京めぐみ幼稚園教育課程編成の実際――」『帝京短期大学紀要』、第15巻、2008年、pp. 85-92。などの研究がある。

2）例えば、地域に向けた子育てに関する情報提供や一時預かり、子育てひろばの開催などが挙げられる。

引用・参考文献

青木美智子（2010）「保育所・幼稚園・小学校における教育の方法としての「音楽」――保育課程・教育課程の連携を見据えて――」『桐朋学園大学研究紀要』第36号、pp. 123－140。

伊藤良高（2011）「保育ソーシャルワークの基礎理論」伊藤良高・永野典詞・中谷彪編『保育ソーシャルワークのフロンティア』晃洋書房、pp. 44－52。

大坪祥子（2008）「保育課程とその編成」『宮崎学園短期大学紀要』第1号、pp. 45-58。

厚生労働省「保育所保育指針」平成29年告示、フレーベル館。

厚生労働省ホームページ「平成28年度　児童相談所での児童虐待相談対応件数〈速報値〉」（http://www.mhlw.go.jp/file/04-Houdouhappyou-11901000-Koyoukintoujidoukateikyoku-Soumuka/0000174478.pdf、2017年11月10日最終確認）。

厚生労働省ホームページ「第5章　安全と問題行動　第2節　犯罪や虐待による被害」『平成27年版　子ども・若者白書』（http://www8.cao.go.jp/youth/whitepaper/h27honpen/b1_05_02.html、2017年11月10日最終確認）。

厚生省児童局（1952）『保育指針』日本児童協会、p. 109。

厚生労働省（2008）『保育所保育指針解説書』。

小山優子（2015）「保幼小の教育保育課程と指導計画の比較分析　小学校の教育課程と幼保の保育内容の変遷から」『しまね地域共生センター紀要』第2巻、p. 38。

櫻井慶一（2015）「保育所での『気になる子』の現状と『子ども・子育て支援新制度』の課題――近年における障害児政策の動向と関連して――」『生活科学研究』第37号、p. 54。

柴本枝美（2006）「幼稚園の教育課程の変遷に関する一考察――自然にかかわる保育内容に焦点をあてて――」『教育方法の探究』p. 4。

清水益治・小椋たみ子・鶴宏史・南憲治（2011）「保育所における保育課程の編成に関する研究」『帝塚山大学現代生活学部紀要』第7号、pp. 117-132。

鶴宏史・中谷奈津子・関川芳孝（2016）「保育所における生活課題を抱える保護者への支援の課題――保育ソーシャルワーク研究の文献レビューを通して――」『武庫川女子大学大学院　教育学研究論集』第11号、p. 4。

内閣府・文部科学省・厚生労働省『幼保連携型認定こども園教育・保育要領』2017年告示、フレーベル館。

丹羽孝（2011）「保育所保育課程の研究」『人間文化研究』第14号、pp. 1 -22。

灰谷和代「保育現場におけるソーシャルワーク実践について――児童虐待対応を中心に、

福祉行政報告例からの考察——」『日本社会福祉学会第64秋季大会発表資料』p. 282。

林富公子（2011）「幼児期の教育課程と指導計画に関する研究の動向——日本保育学会における口頭発表（1985～2009）を中心に——」『園田学園女子大学論文集』第45号、pp. 259‐267。

早瀬眞喜子・山本弥栄子（2016）「幼稚園教育要領・保育所保育指針の変遷と保育要領を読み解く」『プール学院大学研究紀要』第57号、p. 365。

溝口綾子（2008）「幼稚園における教育課程の編成——帝京めぐみ幼稚園教育課程編成の実際——」『帝京短期大学紀要』第15号、pp. 85-92。

南友二郎（2017）「組織間協働のシステム形成に資するソーシャルワーク機能——滋賀の縁（えにし）創造実践センターを手がかりに——」『評論・社会科学』第120号、p. 59。

無藤隆・汐見稔幸編（2017）『イラストで読む！　幼稚園教育要領　保育所保育指針　幼保連携型認定こども園教育・保育要領　はやわかりBOOK』学陽書房、p. 60。

文部科学省「幼稚園教育要領」平成29年告示、フレーベル館。

山下敏郎（1965）『保育所保育指針解説』ひかりのくに、pp. 209-248。

山本佳代子（2014）「保育所を中心とした地域連携の現状と実践的課題——保育ソーシャルワークの観点から——」『山口県立大学学術情報』、第7号、p. 116。

余公敏子（2011）「保育所保育指針の変遷と保育課程に関する考察」『九州大学大学院教育コース院生論文集』p. 46。

余公敏子（2015）「保育所保育に係る基準の変遷と保育課程に関する考察——幼稚園教育要領と保育所保育指針の関連及び保育課程の意味付けから——」『九州地区国立大学教育系・文系研究論文集』第2巻第2号。

横松友義（2011）「保育課程経営研究の提唱」『岡山大学大学院教育学研究科研究集録』第146号、pp. 1‐6。

米田惠美子・清水益治（2017）「保育課程から全体的な計画へ：保育所保育指針に基づく編成の評価」『帝塚山大学現代生活学部子育て支援センター紀要』第2号、pp. 85-100。

第9章
保育者の養成と保育ソーシャルワーク教育

はじめに

　保育者の専門的な資格及び免許として、幼稚園免許と保育士資格があげられる。幼稚園免許においては、幼稚園教諭免許を取得できる教職課程がある養成機関で必要単位を修得し、卒業と同時に取得できることになっている。また、保育士資格においては、大別すると指定保育士養成施設において必要な科目を履修して卒業することにより資格を取得する方法と、実務経験若しくは一般大学・短期大学・専門学校卒業と合わせて保育士国家試験を受験し取得する方法がある。さらに、期限付きで文部科学省と厚生労働省が設けている特例制度により保育士資格と幼稚園教諭免許を取得する方法もある。

　現在、幼稚園教諭免許及び保育士資格の取得方法として主流となっているのは保育者養成校のルートである。しかし、保育者養成校においては、国家試験が導入されていないため、免許及び資格の取得内容や水準は一定のものになっているとは言い難い。

　このような中、2015年度より施行されている「子ども・子育て支援新制度」は保育者の「量的拡充」と「質の改善」の事項をあげている。内閣府「子ども・子育て会議基準検討部会」においては、両者は二者択一の関係にあるものではなく、車の両輪として取り組む必要があるとしている（内閣府、2014）。しかしながら、現況において、保育者の待遇、労務環境等は徐々に改善はされてきているものの、保育者がその専門性を十分に発揮し職務にあたるには課題があることも事実である。今後とも、保育者が保育現場で子どもの最善の利益を保障することができるようその養成教育をどのようにすすめていくべきか考えていく必要がある。

そこで、本章では、保育者の養成における現状と課題を整理し、保育ソーシャルワークの教育をどのように位置付けていくべきか論じていくこととする。現在、保育者養成の課程ではソーシャルワーク、保育ソーシャルワークに関連する内容として、子ども、保護者、地域社会及びその相互的な関わりに対する支援の在り方について教授されている。また、保育者養成においては重要な位置付けとなる保育・教育実習に目を向けてみると、子どもの理解を中心として、保育者が実践する保護者支援、子育て支援の方法や理解が求められているところであるが、この点については十分な学びができる状況とはなっていない。そこで、保育者に求められる専門性を育み、保育ソーシャルワークの理念や価値を位置付けていくことができる教育の取り組みについて考察する。

1 保育者による保育ソーシャルワーク実践の現状と課題

（1）保育ソーシャルワークの動向と保育者養成

幼稚園教諭における保護者支援・子育て支援については、文部科学省の「幼稚園教員の資質向上について――自ら学ぶ幼稚園教員のために――」では「必要とされる幼稚園教員の専門性を8項目」を定め「（1）幼稚園教員としての資質（2）幼児理解・総合的に指導する力（3）具体的に保育を構想する力、実践力（4）得意分野の育成、教員集団の一員としての協働性（5）特別な教育的配慮を要する幼児対応する力（6）小学校や保育との連携を推進する力（7）保護者及び地域社会との関係を構築する力、園長など管理職が発揮するリーダーシップ（8）人権に対する理解」（文部科学省、2002）としている。また「子どもを取り巻く環境の変化の変化を踏まえた今後の幼児教育のあり方について――子どもの最善の利益のために幼児教育を考える――」では「子育てに関する保護者の多様で複雑な悩みを受け止め、適切なアドバイスができる力など、深い専門性も求められる」としているが「現在の教員などの資質や専門性では十分に対応できるのか懸念される面もある」（文部科学省、2005）としている。これらの報告及び答申においては、保護者及び地域社会との関係を構築する力が位置付けられており、保護者支援・子育て支援の専門性を有することが求められていることが分かる。しかし、指摘のとおり、保育者には保護者に対

する支援についてその専門性には不十分なところがあり、保育者養成にとって重要な課題だと言える。

（２）保育者の保護者支援・子育て支援における法的位置付け及び政策動向

　2001年の児童福祉法の改正によって、保育士が国家資格となるとともに、「保育士の名称を用いて、専門的知識及び技術をもつて、児童の保育及び児童の保護者に対する保育に関する指導を行うことを業とする者をいう」（第18条の4）と位置付けられ、この法改正において保護者支援・子育て支援の機能が示された。網野武博は「保育士の専門的役割は従来の『保育』というケアワークに加えて『保護者に対する保育に関する指導』というソーシャルワークにまで拡大されることになった」（網野、2002）と述べている。保育者に求められる役割は社会のニーズによって拡大し、これにより、子どもへの保育という「ケアワーク」に加え、その保育士の専門性を生かした「ソーシャルワーク」的機能を発揮するという役割を有することとなった。その後、2008年に「保育所保育指針」は3度目の改訂がなされ、それまでの局長通知から厚生労働大臣による告示となり、全国の認可保育所が遵守すべき法的な基準として示されることとなった。これにより全国の認可保育所では、保育所保育指針に規定されている基本原則を踏まえ、保護者支援・子育て支援を含めた保育所の機能及び質の向上に努めなければならないとされた。また、「保育所保育指針」と同様に2008年3月に改訂、告示された「幼稚園教育要領」において幼児期の教育に関する相談を受ける役割が位置付けられた。「社会連帯による次世代育成支援に向けて」では「保育所等が地域子育て支援センターとして、広く地域の子育て家庭の相談に応じるとともに、虐待などに至る前の予防対応を行うなど一定のソーシャルワーク機能を発揮していくことが必要である」、「保育所が地域子育て支援センターとして、家庭の子育て力の低下を踏まえ、ソーシャルワークなど専門性を高めていくことが求められる」と述べている（厚生労働省、2003）。このことから、保育所及び保育士にソーシャルワーク機能が求められていることが理解できる。さらに、児童福祉法には「保育所に勤務する保育士は、乳児、幼児等の保育に関する相談に応じ、及び助言を行うために必要な知識及び技能の習得、維持及び向上に努めなければならない」（第48条の4第2項）と努力義務

が課せられており、子どもに対するケアとともに、ソーシャルワークに関する知識及び技能についても真摯な学びが求められていると言えよう。

そして、2017年3月に「幼稚園教育要領」(改訂)、「保育所保育指針」(改定)、「幼保連携型認定こども園教育・保育要領」(改訂)が同時に告示された。「幼稚園教育要領」においては「第3章 指導計画及び教育課程に係る教育時間の終了等に行う教育活動などの留意事項」の「第2 教育課程に係る教育時間の終了後等に行う教育活動などの留意事項」において「2 幼稚園の運営にあたっては、子育ての支援のために保護者や地域の人びとに機能や施設を開放して(中略)幼児期の教育に関する相談に応じたり、情報を提供したり、幼児と保護者との登園を受け入れたり、保護者同士の交流の機会を提供したりするなど、地域における幼児期の教育のセンターとしての役割を果たすよう努めること」と示されている。これらから分かるように、幼稚園においても子育て支援の役割を果たすことが継続して求められており、保護者、家庭及び地域社会と連携していく必要がある。

次に、「保育所保育指針」における保護者支援・子育て支援に関する記述については「第4章 子育て支援」に位置付けられている。その内容として「子どもの育ちを家庭と連携して支援していくとともに、保護者及び地域が有する子育てを自ら実践する力の向上に資するよう」としており、保育所における子育て支援に関する基本的事項を定め、保育所を利用している保護者に対する子育て支援、地域の保護者等に対する子育て支援について整理している。

また、「幼保連携型認定こども園教育・保育要領」では、幼保連携型認定こども園における保護者に対する子育て支援を子どもの最善の利益を最優先して行うものとし、「第4章 子育て支援」において「子育ての支援全般に関わる事項、幼保連携型認定こども園の園児の保護者に対する子育て支援、地域における子育て家庭の保護者等に対する支援」について内容を示している。

しかしながら、これらソーシャルワークの視点を用いた支援を達成するための具体的な方法や取り組みについては示されていないため、保育者養成にあたってはこれらの内容をふまえ各養成校が教育をすすめている状況である。

(3) 幼稚園教諭免許と保育士資格の歴史的発展と保育者養成

　保育者の専門職としては幼稚園教諭と保育士資格がある。幼稚園教諭免許状には、専修免許状、1種免許状、2種免許状がある。免許の取得については、文部科学省が指定した養成校で必要な単位を取得する必要がある。戦前の幼稚園令等により幼稚園で保育にあたる者として「保姆」が使用されていた。そして戦後の1947年に学校教育法によって、その名称は幼稚園の「教諭」となり免許規定がなされた。

　一方で、保育士養成の制度が確立されたのは1947年の「児童福祉法」の成立期にあるが、保育士は1999年に男女雇用機会均等法の大幅な改正と、合わせて児童福祉法の改正によってこれまでの通例であった「保母」から性別に依拠しない名称へと改称された。そしてその後、2003年児童福祉法改正によって名称独占の国家資格となった。

　保育者の専門性の歴史的背景をたどると、必ずしも保育者が高い専門性を要する専門職として認められ、育成されてきたとは言えない。奥山順子らは「今後の幼児教育に対しては多様な専門性、より高い専門性が求められているが、日本の幼児教育・保育施設や保育者養成機関において、これまで、保育者が高い専門性を要する専門職として認め、育成されてきたとは言い難い」(奥山他、2006、120) と述べ、この理由について「戦前までの規定では幼稚園の保育者は女性であると規定され、学校教育的な内容でありながら母親的性格が求められてきたことと実技中心の傾向、特に具体的な技能の獲得を重視する傾向、保育の目的が矮小化され保育者の専門性が軽視された」(同、120) ことを指摘している。

　このような歴史的背景は、社会のニーズや要請によって培われたものであると理解されるが元来保育者は「託児的・子守り的役割」と認識され、専門職としての保育者養成の位置付けを低下させる要因になっていると考える。しかしながら、現在において保育者は、社会福祉分野の国家資格として位置付けがされており、その専門的な知識や技術を用いて子どもや保護者、地域社会がもつ福祉ニーズに応えることが求められている。そのような社会的な使命を十分認識し、専門職を育成するための保育者養成に取り組むことができているのか見直す事項は多い。

その具体的な内容として、保護者支援・子育て支援の学びがあげられる。全国保育士養成協議会は、保育者養成施設の卒業後の動向と現在就労している人の業務実態を把握することを目的として、卒業後2年目、6年目、11年目の者を調査している。回答者数は、それぞれ卒業後2年目が2290名、6年目が2135名、11年目が2105名、総数6581名となっている。その中で「仕事をやめたいと思った理由」の設問をみてみると、3310名が複数回答式で答え、その内19.1％の理由として「保護者との関係がつくれなかったとき」をあげている（全国保育士養成協議会、2009、128）。保護者との関わり、コミュニケーションに悩む保育士の増加が叫ばれる昨今、保育者養成の段階において保育の理念に基づいた保護者支援・子育て支援のイメージが具体的に図られ、また実践力を身に付けることができるような教育内容に取り組む必要性がある。

2 保育者の養成における保育ソーシャルワークの位置付け

（1）保育ソーシャルワークの理念と保育者養成のカリキュラムの検討

竹下徹（2016）はこれまでの保護者支援の研究の動向を整理している（表9-1）。保育者による保護者支援・子育て支援に関しては、その方法や効果について様々な見地から研究がすすめられており、保護者支援の方法（在り方）、保育相談支援に関する支援機能（ソーシャルワーク機能）、保護者支援を展開する態度、姿勢、保護者支援における養成教育の在り方、保護者支援に関する史的研究を提示している。この竹下の研究が整理しているように、これまで保護者支援については、その方法論やソーシャルワーク機能などとともに、保育者養成の実習における学びについて議論がされている。本節においては特にこの実習教育に焦点をあてて考察を深めたい。

2010年厚生労働省通知「指定保育士養成施設の指定及び運営の基準について」（雇児発0722第5号）においては、保育士養成のためのカリキュラムが改正され、教科目の再編・名称や内容の変更がされた。また、保育実習の単位の変更がなされ、実習の事前事後指導の充実と学びの強化、実習における効果的学習を行うことが求められた。本通知の中には、保育士資格に必要な各科目の内容が記されているが、保育ソーシャルワークの文言はみられない。そこで本節

表9-1 保護者支援に関する研究動向と論点整理

①保護者支援の方法（ニーズ特性・分析、方法論）	②支援機能	③保護者支援を展開する上での態度、姿勢	④保護者支援における養成教育のあり方	⑤保護者支援の史的研究
◇岸本美紀ら（2013、2014） ◇川村裕次ら（2013）等	◇蘇珍（2008）等	◇中平絢子・馬場訓子・高橋敏之（2014）等	◇鈴木敏彦・横川剛毅（2009） ◇牛島豊広ら（2015） 増田まゆみら（2015）等	◇亀崎美沙子（2013）
保護者に対するアンケート調査を通じ、求められる保護者支援方法（そのあり方）について分析、考察。	保育所におけるソーシャルワーク機能を明らかにするため、保育士の役割に焦点を当て、日常業務内容からソーシャルワーク機能の方向性を検討。	保護者への関わり方について考察し、信頼関係の構築を促進するための、保育士の望ましい保護者支援について考察。	保育所保育士における保護者支援に対する意識や実態を分析し、養成教育における保育実習や相談援助などのあり方を考察。	保育所保育指針の分析を通じ、保育所における保護者支援の歴史的変遷を整理。

出所：竹下（2016）「福祉アクセシビリティの視点に基づく保育相談支援のあり方」。

ではこれまで保育ソーシャルワークを説明する中で用いられることの多い「ソーシャルワーク」、「保護者支援」、「子育て支援」の用語をキーワードとしてみていく。まず「ソーシャルワーク」については、相談援助（演習1単位）、社会的養護内容（演習・1単位）に位置付けられている。また、「保護者支援」は、保育者論（講義・2単位）、保育相談支援（演習・1単位）、保育実習Ⅱ、保育実習Ⅲ、保育実習指導Ⅱ又はⅢ（演習・1単位）となっている。さらに、「子育て支援」では先述した相談援助、家庭支援論（講義・2単位）、乳児保育（演習・2単位）が該当する。これらを通じて、保育士が取り組む業務として子どもに対するケアだけでなく、保護者に対する支援内容も講義科目及び演習科目として学ぶこととなっている。なお、幼稚園教諭免許における養成課程においては保育士養成の科目と実習以外は重なる部分が多く、また2018年4月以降教員の免許状授与の所要資格を得させるための大学の課程認定がすすめられており、幼稚園教諭の養成課程のモデルカリキュラム案が提示され、共通的に習得すべき資質能力を示している。

森内智子らは「ケアワークのテクニカルな技術をはじめ、ソーシャルワー

カー的な位置づけの拡大から、保育士養成教育も保育ソーシャルワークに焦点を当てた内容にすべきである」(森内他、2010、61-65) と述べている。この議論は、保育士養成の教育内容にも大きく影響を及ぼすものであると考えられる。保育者養成において、現行カリキュラムでは保育、教育に関する科目が中心になっていることによりソーシャルワークを直接的に学ぶ科目は限られ、保育者がソーシャルワークの専門性を十分に担うことができる教育が担保されているとは言えない。今後この課題をふまえ、どのように教育内容へ反映させていくのか議論が必要である。現段階においては、保育ソーシャルワークがソーシャルワークの一分野に属するものであるのか、ソーシャルワークとは異なる固有の分野を確立していくものなのか明確になっていないことも保育士養成において教授内容に明確に位置付けられていない要因につながっていると考えられる。

(2) 保育・教育実習の現状と課題

次に、保育者養成の中で重要な教育の位置付けとなる教育・保育実習についてみていく。特に、幼稚園教諭免許、保育士と他の社会福祉分野の国家資格を比較し論じていく。

全国保育士養成協議会は「平成27年度子ども・子育て支援推進調査研究事業(厚生労働省)保育士養成のあり方に関する研究」において実習に係る指導体制を比較している(全国保育士養成協議会、2016)(表9-2)。2007年に社会福祉士及び介護福祉士法の一部が改正され、社会福祉士資格と介護福祉士資格の養成について実習の内容を含むカリキュラムが大幅に変更された。改正の内容の1つとして、現場で実習を指導する者の要件、講習会を義務付けしたことがあげられる。これにより、以前は実習内容、指導方法等は各養成機関の裁量ですすめられていたものが一定水準の実践力の到達をめざし、利用者の最善の利益を図ることを水準として設けられることとなった。その結果、社会福祉士の実習では実習指導担当教員等の要件を明確化、実習施設側も指導者講習会を受講すること、職能団体である日本社会福祉士会が「実習生受け入れのテキスト」を作成、実習指導や評価表の全国統一ガイドラインの作成等に取り組むこととなった。また、介護福祉士の実習では、実習施設側の指導者側にも講習を受講する義務、実習担当教員による訪問指導を週に1回以上を実施、厚生労働省が作成

表9-2　資格・免許における実習・演習関連科目の比較について

	幼稚園教諭	保育士	社会福祉士	介護福祉士
実習時間	5単位 実習指導の内容を含む。単位数は、教育職員免許法施行規則に基づく。1単位の時間数は、大学設置基準等にもとづき、各大学が30〜45時間の範囲内で定めている。	30日間 ※実習Ⅰ20日（必修）と実習Ⅱ・実習Ⅲ10日間（選択必修）に分類	180時間 （1ヶ所で120時間以上を基本）	450時間 ※実習Ⅰと実習Ⅱ（1/3以上）に分類
実習生の数	規定なし	規定なし （実習先の規模、人的組織などの指導能力を考慮して定める）	実習指導者の員数×5	実習指導者の員数×5
実習指導者	規定なし	実習先の長及び保育士のうちから選定	資格取得後、3年以上相談援助業務に従事した経験があり、講習会を修了した者	実習Ⅰ…有資格者又は3年以上の介護業務従事者 実習Ⅱ…有資格者で3年以上実務に従事した経験があり、指導者研修を修了した者
実習・演習担当教員	規定なし	規定なし	・5年以上の教授歴 ・資格取得後、5年以上相談援助業務に従事 ・講習会受講者　のいずれか	・専任教員課程修了者 ・うち1人は資格取得後、5年以上の実務経験を有する者
巡回指導	規定なし	期間中に1回以上訪問し指導 （同等の体制での指導も可）	週1回以上の指導 （帰校日指導も可）	週1回以上の指導 （帰校日指導も可）

出所：全国保育士養成協議会（2016）「平成27年度 子ども・子育て支援推進調査研究事業（厚生労働省）保育士養成のあり方に関する研究 研究報告書」を一部改編。

した養成校の団体と職能団体へ向けた「実習チェックシート」を使用することとなった。これらの取り組みは実習の充実化に向けた取り組みであり、養成において重要な位置を占める内容である。これらを別の視点から捉えると、この実習指導者要件を満たし、実習生を受け入れることは実習施設の社会貢献活動の一環として認識されるものであり、実習施設・事業所の組織として体制を整備することの意義は大きい。また、実際に各専門職に必要な知識や技術が客観的に示されることにより、実習の現場で学びを得る学生にとっても重要な機会となろう。

　これらのことは、保育者養成においても、保育士資格や幼稚園教諭免許の取得を目指す学生自身が学ぶ姿勢を育み、またモチベーションを高めることは必要であると考えられるが、それぞれの実習についてどのような学びを得ることが重要であるのかフレームについて議論をしていくことが重要である。

　この実習指導者要件を満たし、実習生を受け入れることは社会貢献活動の一環として認識されるものであり、実習施設・事業所の組織として体制を整備する意義は大きい。また、実際に各専門職に必要な知識や技術が客観的に示されることにより、実習の質の向上にもつながる。日本社会福祉士養成校協会（当時）の調査においては、実習指導者の実習に対する意識及び実習指導内容が向上し教育効果があったことが示されている（日本社会福祉士養成校協会、2015、20）。

　増田まゆみらは、保育所実習における保育現場の保護者支援の指導の実態及び保育者の意識について明らかにし「保護者支援の学びは、経験させたいという思いはあるが、限られた体験しかしておらず、指導も十分になされていない」現状を明らかにした（増田他、2015）。牛島豊広他は「保育士資格の養成において実習指導者の要件がないため実習プログラムにばらつきがみられ、また体系化された実習指導に結びついていない」ことを指摘している（牛島他、2016）。どちらの先行研究においても、実習園の指導者は学びを提供する必要性を感じているがその具体的な取り組みの展開には至っておらず課題があることを指摘している。このような中、牛島は、保育実習で保護者支援・子育て支援の指導に取り組む保育所に対しアンケート調査を行った。その結果、保育実習において保護者支援・子育て支援に取り組むことができるための要因として、専門性の高い保育者養成に取り組むという指導者の意識、個人情報保護に対す

る実習生への説明と対応を示した。そして課題として、保護者支援・子育て支援を経験することのできるプログラムの開発があげられた（牛島ら、2016、25）。他に、吉田茂は、保育実習において実習生へ保護者支援に関する指導をし、保護者との関わりや連絡帳の閲覧や連絡帳の解説等をとおして効果を分析している。保育現場においても保護者支援について具体的な取り組みが始まっており、養成校教育と現場実習での学びが連携を図っていく段階になってきた（吉田、2016、25）。

このように、保育実習における実習内容やその枠組みについては、社会福祉士及び介護福祉士の制度と異なる現状がある。社会福祉士及び介護福祉士においては、国家資格制定後その専門性の向上や社会的地位向上等を目指し法律の改正を行ってきた。このような動向をふまえ、保育者養成においても子どもの教育や福祉に携わる専門職として真摯に受け止めていかなければならない。

（3）現場の保育者に対する保育ソーシャルワークの研修の在り方

現任者に対する保育ソーシャルワークの養成教育についてみていくこととする。現在、保育ソーシャルワークという名称が盛り込まれた研修会は多く実施されているところであり、保育ソーシャルワークを学ぶことのできる機会は増えてきている。その中で、日本保育ソーシャルワーク学会においては2015年11月に学会認定資格「保育ソーシャルワーカー」が創設され、養成、育成に取り組んでいる。ここにいう保育ソーシャルワーカーとは、「保育ソーシャルワークに関する専門的知識及び技術をもって、特別な配慮を必要とする子どもと保護者に対する支援をつかさどる者」と規定されている。本学会では初級、中級、上級の等級を設けそれぞれ基本的な専門的知識・技術の習得から高度な専門的知識・技術の理解を求めている。なお、認定資格の申請並びに研修受講資格及び資格認定の要件を別表のとおり示す（表9-3、表9-4）。

2016年8月以降九州地区、近畿地区において「初級保育ソーシャルワーカー養成研修」が開催され、その後2016年度時点で第1期生の初級保育ソーシャルワーカーが79名（書類申請者を含む）、中級保育ソーシャルワーカー15名（当該年度は書類申請者のみ）が誕生し、全国各地の保育所等保育施設や地域社会において、保育ソーシャルワーク実践の中心的かつ専門的な担い手として活躍してい

表9-3 申請グループ

グループ	資格等の要件
第1グループ	① 保育士または幼稚園教諭 ＋ 社会福祉士または精神保健福祉士
第2グループ	① 保育、教育、社会福祉、医療系等大学院修士以上修了者 ② 大学（短期大学、専門学校を含む）において、保育士養成課程科目、幼稚園教諭養成課程科目、社会福祉士養成課程科目、精神保健福祉士養成課程科目のいずれかを担当する教員（過去にこれらの教育経験がある者を含む）
第3グループ	保育士、幼稚園教諭、社会福祉士、精神保健福祉士、臨床心理士、臨床発達心理士、精神科医、保健師、看護師（准看護師）のいずれかの免許・資格を有する者
第4グループ	第3グループ以外で、学会資格認定委員会及び理事会で認められた資格・免許及び職種。例：介護福祉士、介護支援専門員、小学校・中学校・高校教諭、養護教諭、特別支援学校教諭、児童福祉施設職員（ライセンスなし）
第5グループ	① 保育ソーシャルワークに高い関心がある者（例：子育て中の親など） ② 保育ソーシャルワークに高い関心がある学生（大学、短期大学、専門学校等）

出所：日本保育ソーシャルワーク学会　https://jarccre.jimmdo.com（2017年11月1日）。

表9-4　保育ソーシャルワーカー養成研修受講資格及び資格認定の要件

等級	研修受講資格及び資格認定の要件
初級保育ソーシャルワーカー	① 学会入会不問 ② 第1グループ及び第2グループは、講座受講なしで資格認定を認める。その他のグループは、講座受講が必要 ③ 修了レポートの義務づけ ④ 更新なしの永久資格とする ⑤ 中級へのステップアップのためには、学会入会と講座受講が必要
中級保育ソーシャルワーカー	① 学会入会必要 ② 講座受講必要 ③ 修了サポートの義務づけ ④ 4年ごとの更新必要 ⑤ 上級へのステップのためには、学会入会、実務経験※1）、学会参加（ポイント制）が必要 　※1）実務経験 　　・第1グループ：2年以上の実務経験 　　・第2グループ：2年以上の実務経験 　　・第3グループ：3年以上の実務経験
上級保育ソーシャルワーカー	① 学会入会必要 ② 4年ごとの更新必要 ③ 第4グループ、第5グループからのステップアップは不可

出所：日本保育ソーシャルワーク学会　https://jarccre.jimmdo.com（2017年11月1日）。

る。2017年度も引き続き九州地区で初級及び中級の養成研修が実施された。また、近畿地区においても同様の内容を実施した。また、2019年以降には上級の養成も予定しており、初級・中級保育ソーシャルワーカーに対するスーパービジョンを担うことのできる人材育成を目指している。

現任者による養成、育成においては、学会の認定証の交付もされていることから、保育ソーシャルワークの考え方の普及とともに、支援場面での活用を見据えた研修プログラムの充実した構成が求められる。また、認定証の交付を受けた者のその後の業務への効果や意識等の成果にも注目され、その評価を今後とも保育ソーシャルワークに関する基礎的知識及び技術の習得のために取り組みが求められ、社会的認知の向上をけん引する役目を担っている。

3 ｜今後の保育者養成における保育ソーシャルワーク教育の展開

（1）保育者養成における保育ソーシャルワークの学びの体系化の推進

保育ソーシャルワークの機能について、倉石哲也は3つの側面であるミクロ、メゾ、マクロで説明をしている（倉石、2013）。ミクロレベルは、ケースワークの援助技術として個別的な援助を指す。メゾレベルは、グループワークの援助技術としてネットワークやマネージメントを有効にさせるための連携や協働を指す。そしてマクロレベルは、地域や自治体への働きかけを行うものである。このように、子どもや保護者の状況を構造的に捉え、保育ソーシャルワークを捉えていくことが重要である。杉野寿子は「養成課程の学生はケアワークに関する関心が高く、地域子育て支援についての記述（アドボケイト機能、コミュニティワークやソーシャルアクション）が非常に少なく、この点において保育士養成課程において協調していく必要性がある」と述べている（杉野、2012、155）。また、丸目満弓らも同様の視点を指摘しており、ケースワークのみではなく、コミュニティワーク機能、ケアマネジメント機能、連携機能も含めたソーシャルワーク機能が求められていると述べている（丸目ら、2012、63-77）。さらに、松山郁夫は、保育を学ぶ学生を対象として、子育てをする親に対するソーシャルワーク面接による支援の有効性について調査し、その結果「不安のある親を支える対応」、「適応に困難さがある子供の親を支える対応」、「子育てができる条

件を整える対応」の３つの視点を捉えている（松山、2017）。

　これらの知見は保育ソーシャルワークの教育内容を検討する上での指針ともなろう。これまで示してきたとおり、保育ソーシャルワークに関する知識や技術が求められる一方で、保育者養成のカリキュラム及びその教授方法の確立は発展途上であると言える。保育現場における保育ソーシャルワークの実践と理想がかい離しないように、保育者養成課程の段階から保育ソーシャルワークについて学生が十分に学ぶことができるように教育体制を改善していく必要がある。武田英樹が「現在の保育士養成カリキュラムでソーシャルワークの専門性を果たして習得できるのか、質的、物理的な問題がある」（武田、2008）と指摘しているように、保育者養成に求められる内容を行政主導で定め具体的にカリキュラムに反映させていかなければならない。それを検討していく上で、先述した他の国家資格の養成を参考にしていくことが重要である。

（２）保育ソーシャルワークの実践的カリキュラム導入に向けた提言

　保育ソーシャルワークの実践においては現状において課題はあるが、保育者養成の中で求められる保育ソーシャルワークの教育を推進していくために必要な事項を２点整理する。本章においては、特に実習教育に焦点をあて述べることとする。

　１点目は、保育・教育実習における実習園における実習指導者研修の仕組みを設けることである。現在は、それぞれの園独自の実習プログラムにおいて実習指導を行っているが、研修会の受講等を通じて一定の水準を設けることにより、実習指導の質の向上が期待される。厚生労働省「保育士養成課程等の改正について（中間まとめ）」では「実践力や応用力をもった保育士を養成するため、実習や実習指導の充実を図り、より効果的な保育実習にすることが必要である」（厚生労働省、2010）と述べているように、実習の質を高めていくためには実習指導者研修の仕組みも必要であると考えられる。

　２点目は、保育・教育実習における保護者支援・子育て支援の内容の学びの位置付けである。保育者にとって、保護者支援・子育て支援が業務の中でも離職につながる可能性があることを示してきた。現在、養成校では講義科目や演習科目として保護者支援・子育て支援を学んでいるが、それらの内容を実習の

場においても体験できる内容を検討すべきである。本来であるならば、保育ソーシャルワークの理解にもとづいた保護者支援・子育て支援の内容が必要であり位置付けを図るべきであると論じたいが、保育ソーシャルワークと保護者支援・子育て支援の関係性などが今もなお明確になっていないためここでは保護者支援・子育て支援の内容を位置付けるという範囲にとどめることとする。

これまで保育者が積み重ねてきた保護者支援・子育て支援を養成段階から学生が学び、自信をもって現場での保護者支援・子育て支援の職務にあたることができる構造をつくっていくことが望ましい。齊藤美代子は「これまで保育士養成研究において、実習生が保育士に求める援助についての検討は皆無である」(齊藤、2015) と述べており、保育者として自信をもって保育活動にあたることができるような教育環境の整備が望まれる。そのためにも保育者養成において理論と実践が分け隔てられてすすめられるのではなく、連動しながら保育者養成校、実習園、実習生の３者による連携の重要性が必要である。高野亜紀子は「養成校が保育現場と連携をはかりながら、学生参加型、体験型の授業を取り入れることで、学生の能動性、学び続ける姿勢を涵養することの重要性」を挙げている (高野、2012、171-172)。このことからも、これまで子どものケアを中心に学ぶことが多かった保育者養成の実習において、保護者支援・子育て支援を目的とした保育ソーシャルワークに関する内容の導入に取り組むべきである。

(3) 保育者養成における課題

全国保育士養成協議会「保育士養成のあり方に関する研究」においては国家試験としての保育士試験の導入について触れている (全国保育士養成協議会、2016)。これは、養成校卒業後に別途国家試験を受験するというものであり、現在の保育者養成校における卒業時に所定の単位を修めた後、保育士及び幼稚園教諭として手続きをするものとは異なる。

本章でも取り上げてきた介護福祉士においては2016年度から指定介護福祉士養成施設の卒業で国家資格が得られる仕組みから国家試験を受験する仕組みが導入された (実施にあたっては、管轄省や関係団体との調整から度々の延期となってきた経緯がある)。これまで同等の修業年数で取り組まれてきた経緯がある保育者養

成にとっても今後大きな影響を及ぼすこととなろう。

　また、保育者の専門性を生かした職務は保育所や幼稚園、認定こども園のみならず、児童養護施設等の施設でも活躍の場がある。その状況においてももちろん保育ソーシャルワークは必要であり、その専門的な教育内容は異なってくるものであろう。保育所等においては就学前の子どもを対象としている保育所と、0～18歳未満の児童を対象とする児童福祉施設との兼ね合いを整理し、保育ソーシャルワークを含む養成教育の在り方について今後検討していく必要がある。

　厚生労働省は「保育士養成課程等の見直しに向けた検討状況について（保育士養成課程等検討会ワーキンググループ）」（厚生労働省、2017）において、保育士養成課程を構成する教科目の見直しを検討している。その一例として子どもの育ちや家庭への支援に関して総合的な力を養うこととし、子育て支援の実践的な事項を定めた。教科目については、現行の「家庭支援論（講義2単位）」、「相談援助（演習1単位）」、「保育相談支援（演習1単位）」を再編、整理し「子ども家庭支援論（講義2単位）」、「子育て支援（演習1単位）」、「子ども家庭支援の心理学（講義2単位）」とした。今後の取り組みとしては、保護者支援・子育て支援に関するこれまでの教育内容を振り返り、また保育現場での効果や整合性を確認しながら実践的な内容を位置づけていく必要がある。

　さらに、厚生労働省は医療、福祉系の専門資格における「共通基礎課程」の創設を検討することとした（厚生労働省、2017）。これは同年同省がまとめた「地域共生社会」の実現に向けた改革工程で位置付けられたものであり2021年度の実施を目指している。この中で、「共通基礎課程」を創設するまでの当面の措置として、社会福祉士、精神保健福祉士、介護福祉士の社会福祉国家資格を持つ者に対し、保育士試験の一部科目免除が認められることとなった。今後は、医療福祉系の資格に幅をひろげ、複数共通の基礎課程を創設し、資格取得を促すことになっている。このような「共通基礎課程」のシステムはフィンランドですすめられており、ラヒホイタヤとよばれている。これは、フィンランドとの社会・保健医療共通基礎資格のことで、保健医療分野と社会サービス分野の日常ケアに関する、様々な資格を一体化し、1つの社会・保健医療基礎資格としたものである。

これまで日本における医療、福祉系の職種についての養成カリキュラムにおいては縦割りですすめられ、横断的な単位認可は考えてこられなかった。この「共通基礎課程」によって資格取得に向けては修業年数の負担軽減などメリットはあるが、各分野、資格の歴史の理解や専門性の軽視につながるようなことがあってはならない。このような観点からも保育者養成のカリキュラムをはじめ、教育内容とその質の向上については議論をしていく必要があり、その中で保育ソーシャルワークの教育の有効性を示していくことが求められる。今後とも保育者養成課程における教育、現場の保育者に対する研修、試験ルートにおける充実した教育のためには、保育ソーシャルワークの理念と実践の深まりとともに保育者養成の内容に明確に位置付けられていくことが期待される。

おわりに

本章では、保育ソーシャルワークを保育者養成にどのように位置付けるべきか論じてきた。その内容として、保育・教育実習に焦点をあて、保育ソーシャルワークの内容を含めた学生の実習環境を整備することが急務であり、保育者養成において積極的な学びができる基盤づくりになることを述べてきた。現行においては、保護者支援・子育て支援の学びについて養成校で取り組まれている講義や演習科目と現場での実習のカリキュラムが合致しておらず保育者の専門性を培うには課題があることを整理した。しかし、今後子どもや保護者、地域社会が求めるニーズを受け止め、実践していく保育者の専門性を鑑みると、養成段階から保育ソーシャルワークの学びを保障するとともに、さらに、現任者においても学ぶ機会を位置付けていくことが重要であると考えられる。保育者は子どもの最善の利益の保障の理念に沿い、社会の期待と責任を全うしていく役割を担っており、教育の機会を通じて成長していくことが求められる。

引用・参考文献

網野武博（2002）「Ⅲ．各研究員による考察1．網野武博研究員による考察」『保育所の保育内容に関する調査報告書』（http://www.nippo.or.jp/cyosa/12_01/01_ta.htm、2017年11月1日最終確認）．

牛島豊広（2016）「『保護者支援』を考える――学生にどう指導するか――」全国保育士養

成協議会九州ブロックセミナー大会発表資料。

牛島豊広（2016）「保育実習（保育所）における保護者支援の指導に関する研究——保育士の保護者支援の指導に対する意識構造に焦点をあてて——」全国保育士養成協議会『会報保育士養成研究』。

奥山順子・山名裕子（2006）「求められる保育者の専門性と大学における保育者養成——保育者志望学生の意識と養成教育の役割——」『秋田大学教育文化学部教育実践研究紀要』第28号。

門道子（2011）「ソーシャルワークの近接領域としての就学前教育・保育の場における保育者の役割——幼稚園・保育所一元化の先がけ的役割をもつ認可外幼児教育施設の実践から——」『龍谷大学社会学部紀要』第39号。

倉石哲也（2013）「第5章展望編（1）保育所の行う子育て支援センターに望むこと」『子と親と地域をつなぐ子育て支援——地域における子育て支援に関する調査研究報告書——』第7号。

厚生労働省（2003）「社会連帯による次世代育成支援に向けて」（http://www.mhlw.go.jp/topics/bukyoku/seisaku/syousika/030807-1a.html、2017年11月1日最終確認）。

厚生労働省（2010）「保育士養成課程等の改正について（中間まとめ）」（http://www.mhlw.go.jp/shingi/2010/03/dl/s0324-6a.pdf、2017年11月1日最終確認）。

厚生労働省（2017）「全国厚生労働関係部局長会議資料」（http://www.mhlw.go.jp/topics/2017/01/dl/tp0117-k01-07-01p.pdf#search=%27%E5%85%B1%E9%80%9A%E5%9F%BA%E7%A4%8E%E8%AA%B2%E7%A8%8B＋%E5%B1%80%E9%95%B7%E4%BC%9A%E8%AD%B0%27、2017年11月1日最終確認）。

齊藤美代子（2015）「保育者養成校における子育て支援の実践と課題」『帝京平成大学紀要』第26巻第2号。

杉野寿子（2012）「保育士養成課程におけるソーシャルワーク教育——倫理綱領作成演習からの考察——」『別府大学短期大学部紀要』第31号。

全国保育士養成協議会（2009）「保育士養成資料集第50号『指定保育士養成施設卒業生の卒後の動向及び業務の実態に関する調査』報告書——調査結果の概要——」。

全国保育士養成協議会（2016）「平成27年度子ども・子育て支援推進調査研究事業（厚生労働省）保育士養成のあり方に関する研究」。

全国保育士養成協議会（2016）「保育士養成のあり方に関する研究」。

高野亜紀子（2012）「保育ソーシャルワークと保育士養成に関する一考察」『東北福祉大学研究紀要』第37巻。

武田英樹（2008）「地域に求められる保育士によるソーシャルワーク」『近畿大学豊岡短期大学論集』第5号。

竹下徹（2016）「福祉アクセシビリティの視点に基づく保育相談支援のあり方」『日本保育ソーシャルワーク学会第3回大会口頭発表資料』。

内閣府（2014）「子ども・子育て支援新制度の施行に向けた国の取組状況について」（http://www8.cao.go.jp/shoushi/shinseido/meeting/kodomo_kosodate/k_16/pdf/s1.pdf、2017年11月1日最終確認）。

日本社会福祉士養成校協会（2015）「社会福祉士養成新カリキュラムの教育実態の把握と、

社会福祉士に必要な教育内容のあり方に関する調査事業」日本社会福祉士養成校協会。
増田まゆみ・小櫃智子・佐藤恵・石井章仁・高辻千恵・爾寛明・尾崎司・倉掛秀人・若山剛「保育所実習における保護者支援の学びを可能にする 実習指導のあり方について――保育者と養成校教員の意識の分析を通して――」『東京家政大学研究紀要』第55巻第1号。
松山郁夫（2017）「保育を学ぶ学生におけるソーシャルワーク面接による親支援に対する認識」『佐賀大学教育学部研究論文集／佐賀大学教育学部』第1巻第2号。
丸目満弓・立花直樹（2012）「保育士をめざす学生のソーシャルワーク業務に関する意識および意欲についての一考察」『兵庫大学短期大学部研究収録』第46号。
文部科学省（2002）「幼稚園教員の資質向上について――自ら学ぶ幼稚園教員のために――」（http://www.mext.go.jp/b_menu/shingi/chousa/shotou/019/toshin/020602.htm、2017年11月1日最終確認）。
文部科学省（2005）「21世紀を展望した我が国の教育の在り方について」（http://www.mext.go.jp/b_menu/shingi/chukyo/chukyo0/toushin/04102701/002.htm、2017年11月1日最終確認）。
森内智子・奥典之（2010）「保育と福祉の協働――保育ソーシャルワークの必要性――」『四国大学紀要』第34号。
吉田茂（2016）「保育者における保育実習生に対する保護者支援教育の実際と課題」『日本保育ソーシャルワーク学会第3回研究大会要旨集』。

第10章
保育者の研修と保育ソーシャルワーク教育

はじめに

　本章は、近年保育関係者の間でソーシャルワークの重要性を認める認識が高まっていることを踏まえ、しかし、保育者の養成や研修においては、そのための学習の機会が十分に保障されていない現状について考察しようとするものである。そのため、最初に保育者養成段階でのソーシャルワーク教育について、保育士資格取得のために設けられたカリキュラムの構成を概観し、保育ソーシャルワークに関する学習展開を検討する。次に、家庭や地域の現状を踏まえ、保育現場ではソーシャルワークのニーズが高まっていることを確認する。そして最後に、保育者研修と養成に求められる保育ソーシャルワーク教育について、その意義と展望を論じる。

1　保育者養成における保育ソーシャルワーク教育

（1）保育者養成カリキュラムと保育ソーシャルワーク教育

　保育者とは「乳幼児を保育する人のことで、一般には職業として乳幼児、児童の保育に直接関わっている幼稚園教諭・保育士の総称」（谷田貝、2016、353）などとされる。そのうち幼稚園教諭は、文部科学省の管轄する学校の一種である幼稚園に勤務する者であり、もちろんスクールソーシャルワークも近年重要な分野として認識されている。しかし、主に社会福祉分野で必要性が検討されてきたソーシャルワークは、もともと厚生労働省管轄の保育所等の児童福祉施設で働く保育士養成教育で求められてしかるべき知識や技術であったと考えられる。そこで、ここでは、保育士養成教育を中心に検討したいと思う。

保育士資格は、主に、厚生労働大臣の指定する指定保育士養成施設において、保育実習を含めて必要単位を取得して卒業することによって得られる。具体的には、4年制大学や短期大学、専門学校等で、2017年4月1日現在669施設（募集停止5施設を含む）にのぼる。そしてもう1つ、そのような保育士養成課程を卒業しなくても、学校教育法に基づく大学に2年以上在学し62単位以上を取得することなど一定の条件を満たしていれば、都道府県知事が実施する保育士試験（実際には、一般社団法人全国保育士養成協議会が全都道府県から指定試験機関として指定を受けて実施）に合格することで資格が得られる。

　その他、保育士試験受験に際しては、指定養成施設での取得単位によって試験が免除される特例等もあるが、資格取得方法は、おおよそ以上のようなものである。その中で、やはり養成施設での養成教育は特に重要であろう。2016年度保育士試験では、4月と10月の試験を合わせて合格者が1万8229人（合格率25.8％）であり、他に全科目免除者が5461人である。対して、養成施設は、もちろんすべての施設が定員を満たしているとは限らず、また入学しても資格をとらずに卒業する者もあるが、定員5万9895人という事実があるからである。すなわち、養成施設によるものがかなりの多数であり、しかし必ずしも厳しい試験を経ていないことから、特にそこでの教育の内実が問われると考えられる。

　保育士養成施設における資格取得のためのカリキュラム構成は、厚生労働省雇用均等・児童家庭局長「指定保育士養成施設の指定及び運営の基準について」（雇児発1209001号、2003年、2015年最終改正）に定めがある。その中で、まず「5　教育課程」の「(1)基本的事項」として、「保育に関する専門的知識及び技術を習得させるとともに、幅広く深い教養及び総合的な判断力を培い、豊かな人間性を涵養するよう適切に配慮すること」とある。そして、「告示別表第1の教科目の欄に掲げる教科目（以下「必修科目」という。）は、必ず履修させなければならないこと」、加えて「告示別表第2の選択必修科目（以下「選択必修科目」という。）については、別表①に掲げる系列及び教科目の中から18単位以上を設け、9単位以上を必ず履修させなければならないこと」とされる。

　その「必修科目」及び「選択必修科」目は、次のように指定されている。[1]

〈必修科目〉

【保育の本質・目的に関する科目】
　保育原理（講義2単位）、教育原理（講義2単位）、
　児童家庭福祉（講義2単位）、社会福祉（講義2単位）、
　相談援助（演習1単位）、社会的養護（講義2単位）、保育者論（講義2単位）

【保育の対象の理解に関する科目】
　保育の心理学Ⅰ（講義2単位）、保育の心理学Ⅱ（演習1単位）
　子どもの保健Ⅰ（講義4単位）、子どもの保健Ⅱ（演習1単位）
　子どもの食と栄養（演習2単位）、家庭支援論（講義2単位）

【保育の内容・方法に関する科目】
　保育課程論（講義2単位）、保育内容総論（演習1単位）
　保育内容演習（演習5単位）、乳児保育（演習2単位）
　障害児保育（演習2単位）、社会的養護内容（演習1単位）
　保育相談支援（演習1単位）

【保育の表現技術】
　保育の表現技術（演習4単位）

【保育実習】
　保育実習Ⅰ（実習4単位）、保育実習指導Ⅰ（演習2単位）

【総合演習】
　保育実践演習（演習2単位）

〈選択必修科目〉
　保育の本質・目的に関する科目、保育の対象の理解に関する科目、
　保育の内容・方法に関する科目、保育の表現技術、
　保育実習Ⅱ（実習2単位）、保育実習指導Ⅱ（演習1単位）、
　保育実習Ⅲ（実習2単位）、保育実習指導Ⅲ（演習1単位）

　この中で、保育ソーシャルワークに関わりの深い科目といえば、まずは「児童家庭福祉」「社会福祉」「相談援助」「社会的養護」「家庭支援論」「社会的養護内容」「保育相談支援」が考えられよう。厚生労働省雇用均等・児童家庭局

長通知には、「指定保育士養成施設の教授担当者が教授に当たる際の参考とすること」として「教科目の教授内容」が示されているが、そのうち「相談援助」「社会的養護」「社会的養護内容」には、実際にソーシャルワークというキーワードが登場する。このように見れば、すでに保育者養成カリキュラムの一部にソーシャルワーク教育が位置付いていると言えそうである。

「相談援助」では、目標に「4．保育におけるソーシャルワークの応用と事例分析を通して対象への理解を深める」、内容の「1．相談援助の概要」に「（4）相談援助とソーシャルワーク」「（5）保育とソーシャルワーク」とある。「社会的養護では、やはり内容の「4．施設養護の実際」に「（3）施設養護とソーシャルワーク」とある。そして、「社会的養護内容」には、目標に「4．社会的養護にかかわるソーシャルワークの方法と技術について理解する」、内容の「4．社会的養護にかかわる専門的技術」に「（2）ソーシャルワークにかかわる知識・技術とその応用」という項目が含まれているのである。

（2）保育者養成段階における保育ソーシャルワークの学習展開

保育士養成施設における必修科目「相談援助」は、それまでの「社会福祉援助技術」を踏襲して2011年に設けられた。ちなみに、当時の厚生労働省保育士養成課程等検討会資料「保育士養成課程の改正内容について」（第4回、資料3、2010年2月9日）にも「保育との関連でソーシャルワークの基礎的技術を習得する」とある。「社会的養護」と「社会的養護内容」も、時を同じくして生まれた科目である。前者はそれまでの「養護原理」、後者は「養護内容」の科目名の変更とされる。まずは、これら3科目が保育士養成上、近年設けられたものであることが注目される。

ところで、「養護内容」は、1970年に保育士養成課程に選択必修科目として登場した。その後2001年に必修科目となり、しかし単位数は2単位から1単位に削減されている。当時の保育士養成課程等検討委員会の議論では、「保育所以外の児童福祉施設における保育士としての専門性の確保など時代のニーズに合った科目の強化」を図ったものとされた。すなわち、「養護内容」の必修化は、「いわゆる『施設保育士』の専門性の確保のためであり、『演習』という授業形態によってその具体的な理解を求めたもの」（中山、2012、178）であった。

第 10 章　保育者の研修と保育ソーシャルワーク教育　*159*

　もちろん保育士の働く場は、保育所に限らない。児童福祉法第 7 条第 1 項には「この法律で、児童福祉施設とは、助産施設、乳児院、母子生活支援施設、保育所、幼保連携型認定こども園、児童厚生施設、児童養護施設、障害児入所施設、児童発達支援センター、児童心理治療施設、児童自立支援施設及び児童家庭支援センターとする」とあり、多くの児童福祉施設が活躍の場である。さらに近年では、いわゆる病棟保育士のように小児医療の現場でも役割が認められている。保育所以外の現場で働く保育士の養成も重要である。しかし同時に、保育士の圧倒的多数が保育所に勤務していることも事実である。

　2001年の保育士養成課程の改正では、「『養護内容』と『養護原理』の教科目変更は、『社会的養護』の重要性を理由としながらも、この 2 科目を、『保育』を取り巻く『辺縁』ともいえる周辺領域に追いやる『結果』をもたらした」（中山、2012、184）と評される。しかし養成段階でもソーシャルワークの理解と技術は、今日、施設保育士に限られたものではなく、様々な家庭や地域の中で多くの課題を抱えて成長せざるを得ない就学前の子どもに対して、保育所や幼稚園等の現場で重要性を増している。加えて、「保育」と「ソーシャルワーク」をどのように「保育ソーシャルワーク」に高めるかが問われているのである。

　今日、保育士養成段階では、教科目の中にソーシャルワークについて理解を求めるものが含まれていることは間違いない。しかしながら、すべての保育士に必要な専門的力量の一部として十分に認められているかといえば、疑わしい状況にある。この点については、すでに1962年の保育士養成課程の改定の際に、保育士確保のため、その養成が「すでに短期大学で取り組まれていた幼稚園教諭養成とのタイアップにつながった」（鶴、2009、36）との指摘が想起される。「保育」は「教育」と「保護」あるいは「養護」との統合概念と捉えられるが、本来児童福祉分野の専門家であったはずの保育士も、養成の課程で幼稚園教諭と同じく「教育」にシフトしてきたと見ることができるのである。

　もちろん「相談援助」のような科目は、学生のソーシャルワーク理解に有効である。ソーシャルワークは「個別に親へアプローチするときに必要な技術」であり「家族を側面からサポートし、親や家庭のもつ育児機能を果た」し、「育児に必要な情報の提供や育児方法の指導、親同士の交流やネットワークづくりへの援助なども含まれる」（以上、田家、2014、20）ものである。具体的に養

成施設の授業を通じて、保育学生が「『相談援助』が保育に必要と考えるようになった」(同、24) との報告もある。

しかし、保育者養成段階での保育ソーシャルワークの学習展開は、現状ではむしろ養成施設の個々の担当教員の意識に頼ることになるのかもしれない。例えば、「保育原理」の講義において、目標にある「1．保育の意義について理解する」ことや「5．保育の現状と課題について考察する」中で、内容の「(2) 児童の最善の利益を考慮した保育」「(3) 保護者との協働」「(4) 保育の社会的意義」(以上、厚生労働省雇用均等・児童家庭局長「指定保育士養成施設の指定及び運営の基準について」) に関する説明に保育ソーシャルワークの意義を含み込むことができる。

児童の最善の利益を語るとき、日本国憲法、児童（子ども）の権利条約、教育基本法、児童福祉法などの説明は欠かせまい。その中で、教育基本法第10条（家庭教育）の「父母その他の保護者は、子の教育について第一義的責任を有する」に触れて、しかし「子どもの教育に家庭が責任を負うのは当然であるが、それが過ぎると、子どもの教育格差が広がる」(塩野谷、2015、15) ことに言及できる。そして、そのような格差の拡大に抗するために社会的なネットワークの活用が求められることが論じられる。そうして、子どもの成長発達の保障に資するため、児童相談所等の公的な福祉機関や民間の子ども食堂や学習支援のような取り組みに至るまで、将来の保育者の視野を広げることが可能となろう。

2 ｜ 保育現場における保育ソーシャルワークの必要性

(1) 子どもの育ちと家庭

「1990年代以降、政策側が家庭教育を強調する傾向が見られる」(塩野谷、2010、69) と指摘される。例えば、中央教育審議会答申『「新しい時代を切り拓く心を育てるために」──次世代を育てる心を失う危機』(1998年6月) において、「それぞれの家庭で生活やきまりのルールをつくろう」「幼児期から小さくとも家事を担わせ、責任感や自立心を育てよう」「子どもに我慢を覚えさせよう」等と訴えられていた通りである。もちろん子どもが成長の過程で生活のきまりを知り、責任感や我慢を覚えることも大事であろうが、しかし家庭にその役割

を重く負わせることには限界がある。

　家庭の教育力が期待されたとき、それに応えられる保護者とその余裕がない保護者が存在するからである。すなわち、経済的に裕福で、子どもの世話に時間と労力をかけられ、学習塾や習い事にも十分に通わせられる家庭であれば、子どもの躾や学力保障もしやすいのかもしれない。一方、例えばいわゆるひとり親家庭、特に母子家庭等の場合、日々の生活に追われて時間的に、そして経済的にも苦しく、子どもに手間をかけられないこともある。「経済的困窮の中、毎日の衣食住すら脅かされている子どもがいる。基本的生活習慣や学力が身につかない」（下野新聞子どもの希望取材班、2015、98）家庭の現実は重い。

　「貧困に苦しんだ子供が自立を遂げるまでの険しい道のり」（読売新聞社会部、2016、164）については、例えば、父親を病気で亡くし母親が気力を失って、その結果、部屋にはゴミがあふれ電気やガスも止められる生活の中で育った女性の例がある。彼女は18歳で出産して、民間の無料低額宿泊所に母子で暮らしながら、書店で育児書を立ち読みして子どもを育てていた。幸い母子家庭を助ける自治体の取り組みによって、NPOが管理するアパートに引っ越したが、「食事や片づけ、洗濯といった生活の基本から学ぶ必要」（同、165）があったという。

　要するに、よい方向へ頑張れる家庭とそうでない家庭があるということである。しかしそれでは、前者はさらに子どもをすくすくとよく育て、後者はそれと逆の道を行くという不平等、生まれた家の違いによる格差が広がることになりかねない。そして、そのような格差は世代を超えて再生されていく。貧困の場合、経済的な困難は子どもから進学機会を奪い、その結果、就ける仕事の範囲を狭める。そうすると、収入も少なくなり、次の世代へ経済的な困窮は引き継がれていく。しかし、経済的貧困は、子どもに衣食住の厳しさを与えるだけでなく、書籍や芸術などに触れる機会を奪い、文化的貧困をもたらす。そして、人と関わる余裕を奪って、関係の貧困にも及ぶのである。

　また、家庭は、時として外部社会とのつながりを断つ密室になりかねない。そこで行われるのが児童虐待であるが、中には「小学校も中学校も一日も通わせてもらえず、母親によって一八歳まで団地に閉じ込められていた」（NHKスペシャル「消えた子どもたち」取材班、2015、19）少女の例もある。このケースでは、

女児が保育所の途中から厳しく家に監禁されていたという。しかも驚くべきことに、姉と兄は普通に学校に通っていたというのである。この家族は全面的に社会とのつながりを断っていたわけではないが、重要な一部が切り離されていたことがわかる。

「『児童虐待』は発達途上にある脳の機能や神経構造に永続的なダメージを与えることが明らか」（友田、2017、72）になっており、通常、とは言いがたい不適切な養育によっても、子どもの脳は傷つくことがわかってきている。その結果、「衝動性が高く、キレやすくなって周囲の人たちに乱暴をはたらいたり、非行に走ったり」「アルコールや薬物に依存することも」（友田、2017、12）あるという。身体的・性的虐待だけでなく、心理的虐待による脳のダメージも極めて大きい。すべての被虐待児がそうなるわけではないが、本人が一生重荷を負うことになりかねないのである。

（2）子どもの育ちと地域社会

子どもの育ちのためには家庭も大事だが、その家庭には支えが不可欠である。それが地域の教育力であり、さらに公的な保育・教育や生活の保障が必要である。例えば、経済的に行き詰まった家庭の周囲に子ども食堂や学習支援の組織があれば、子どもの生活や将来への希望に多少の明かりが見えることもあろう。家庭に虐待などの不適切な養育（マルトリートメント）が行われている事実があったときに、保育所や幼稚園等、あるいは乳児院や児童養護施設のような児童福祉施設の存在は重要である。そしてそのとき間に入る児童相談所などの機関の存在も大きい。

現在では、ほぼすべての子どもが、小学校入学前に幼稚園や保育所等の就学前施設を経験しており、その割合は96～97％に及ぶ。しかしそれらがなかった時代にも子どもの育ちはあったのであり、その舞台は家庭に加えて地域社会であった。そこで子どもたちは異年齢集団で遊び、様々な経験を積んでいったのである。もとより過去を美化して過大評価するわけにはいかないが、「地域社会の中でさまざまなおとなに見守られつつも、子ども同士が土や水や木といった自然の素材を使って展開するダイナミックで自由な遊びによって、身体的にも社会的にも知的にも成長することができた」（塩野谷・清水、2008、179）と考え

られる。

　しかし今日では、都市化や少子化の波の中で、そのように子どもたちが自由に過ごせる場の多くが失われてしまった。その点で、1979年に東京都世田谷区に羽根木プレーパークが常設されて以来全国各地に数を増したプレーパーク（冒険遊び場）は、地域社会に子どもの遊び場を取り戻すための住民の運動と捉えられる。これも元来子どもの育ちによい影響を与えた地域社会の教育力を再生する動きの一環として理解できるのである。

　ところで、厚生労働省「保育所保育指針」（2017年告示）においても、「第2章　保育の内容」の「4　保育の実施に関して留意すべき事項」の中に、「（3）家庭及び地域社会との連携」として「子どもの生活の連続性を踏まえ、家庭及び地域社会と連携して保育が展開されるよう配慮すること。その際、家庭や地域の機関及び団体の協力を得て、地域の自然、高齢者や異年齢の子ども等を含む人材、行事、施設等の地域の資源を積極的に活用し、豊かな生活体験をはじめ保育内容の充実が図られるよう配慮すること」との記載がある。保育所の保育活動そのものが、もとより地域との関わりを想定し、その教育力への期待に基づいて実施されるのである。

　文部科学省「幼稚園教育要領」（2017年告示）においても、「第1章　総則」の「第6　幼稚園運営上の留意事項」に「幼児の生活は、家庭を基盤として地域社会を通じて次第に広がりをもつものであることに留意し、家庭との連携を十分に図るなど、幼稚園における生活が家庭や地域社会と連続性を保ちつつ展開されるようにするものとする。その際、地域の自然、高齢者や異年齢の子供などを含む人材、行事や公共施設などの地域の資源を積極的に活用し、幼児が豊かな生活体験を得られるように工夫するものとする」とある。

　内閣府・文部科学省・厚生労働省「幼保連携型認定こども園教育・保育要領」（2017年告示）においても、「幼稚園教育要領」とほぼ同じ文言が「第1章　総則」の「2　指導計画の作成と園児の理解に基づいた評価」の「（3）指導計画作成上の留意事項」に記載されている。すなわち、幼稚園や認定こども園でも、保育所と同様に、保育者には地域社会と連携しそれを活用してよりよい保育を実践するための広い視野が求められているのである。地域社会で子どもの育ちを保障するネットワークの一端を担い、それを維持発展させる力も必要で

ある。

3 保育者研修における保育ソーシャルワーク教育

(1) 保育者研修における保育ソーシャルワーク教育の意義

　幼稚園教諭や保育士の養成施設で学ぶ学生が保育者を希望する動機は、多くの場合、子どもがかわいい、子どもが好きだということであろう。それも今後の保育実践に欠かせない大切な思いであろうが、もちろん保育者の役割は子どもと直接関わることだけではない。在園児の発達保障のための具体的な保育活動に加えて、保護者や地域の子育て家庭の相談に乗ることも重要な仕事である。そして、それがうまくいって家庭での養育が順調になれば、結局、子どもの成長発達につながることになる。あるいは、幼稚園や保育所等の活動に対する保護者の理解が増して、実践への協力が得やすくなることもある。

　そしてその際もう1つ忘れてならないのは、やはり様々な人的・社会的な資源を活用することである。地域の自然環境や公共施設を利用することは、保育実践を豊かにすることにつながる。しかしそれだけでなく、児童虐待に対する対応等は典型かもしれないが、現場の保育者だけでは対応しきれない事例も少なからず存在するのであり、そのような場合、保育者が相談できる外部の施設や専門家もあるからである。様々な外部の力とうまく連携するコーディネート力、その前提として、活用し得る外部の力に関する知識が必要である。

　日々様々なことが起こる保育現場で、ソーシャルワークの理論と技術を持った保育者が、まさに保育ソーシャルワークを担うことが求められるのである。しかし、この必要性を実感することは、養成段階では難しいし、むしろ子どもや保育者との関わりの中で経験を積んだ現場保育者が、職務と平行してそのための力量を磨く研修を受けることが有効であろう。保育ソーシャルワークを中核的に担う現場保育者の専門性を担保するための研修である。

　例えば、保育現場で障害が疑われる子どもとの出会いがあったら、保育者はその方面の専門家との連携が必要になる。それは療育センターの臨床心理士や作業療法士かもしれないし、特別支援学校のコーディネーターかもしれないし、その他別の機関の専門家かもしれない。そしてその前に、感情的な行き違いの

ないように保護者と上手にコミュニケーションをとって、子どもの最善の利益に向けて動かなければならない。園長や主任等も含めて保育施設内での情報共有や今後の方針の共通理解も、必要に応じて進めなければならない。

　もちろん基本的なことは学生時代に学んでおくべきであるが、具体的な状況に応じて臨機応変に対応する力は、保育現場で養われる面が大きいと考えられる。同時に、自分が所属する保育現場だけでは解決できない問題にも直面して、施設外の人や機関との関係をつくる必要も実感できよう。そのような必要感をベースとしながら、現場の中にいるだけでは知り得ない他機関の情報について、あるいは最新の知識について、系統的に学ぶ機会も求められる。そのためにも保育者研修で保育ソーシャルワーク教育が行われることが望まれる。

　このことは、保育ソーシャルワーク教育が養成施設で十分に行われているとはいえない現状にも関わる。保育現場でソーシャルワークの理解と技術が今日ほど必要視されていなかった時代に養成施設を卒業した保育者にとっては、さらに重要であろう。保育ソーシャルワークの担い手については、園長・副園長等の保育施設の管理職か、保育者以外の社会福祉士等の資格を持つ者かなど、様々な可能性があるが、いずれにせよ施設保育士に限らず、子どもの貧困や虐待等が重大な問題となっている今日の社会では、保育所保育士も、そして幼稚園教諭も新たに学び、あるいは学び直す必要があろう。

（２）保育者養成における保育ソーシャルワーク教育の展望

　すでに確認した通り、現在の保育士養成課程では、ソーシャルワーク理解は、実質的に「相談援助」「社会的養護」「社会的養護内容」が中核になろう。しかしそれだけでなく、他の関連科目の中でも保育学生に対してその必要性や基本的な理解を求めることは可能である。なお、幼稚園教諭の免許取得に際しては、「相談援助」のような授業科目が位置付かないので、養成校の担当教員による工夫がさらに求められることになろう。ただし、保育士養成施設のうち8割近くで幼稚園教諭免許の取得が可能であることから、この点の懸念は多少割り引いてよいのかもしれない。

　そのような状況を踏まえて、今後は幼稚園教諭・保育士の養成段階での保育ソーシャルワーク教育がさらに充実することが望まれる。その際、短期大学や

専門学校等2年制での保育者養成が多く、時間的に余裕を欠く現状においては、教育内容を絞らざるを得ない面もあると考えられる。要するに、保育者になった後の保育ソーシャルワーク研修を見越して、ある程度基本的な理解や技術に限って教育を行うということである。そして、現場保育者の研修は、それを踏まえてより実践的に行うということである。すなわち、あらかじめ保育ソーシャルワーク教育と研修の連携を図っておくことである。

ちなみに、「保育所保育指針」には、「第5章 職員の資質向上」の中で、「4 研修の実施体制等」の「（1）体系的な研修計画の作成」として「当該保育所における保育の課題や各職員のキャリアパス等も見据えて、初任者から管理職までの職位や職務内容等を踏まえた体系的な研修計画を作成しなければならない」とある。そして、保育士の処遇改善に連動させて、「民間保育園・認定こども園対象に国の枠組みとして用意したのは、非常勤職員にも適用できる職務分野別リーダー・専門リーダー・副主任保育士の3つの役職」（汐見、2017、124）であった。

この3つの役職は、都道府県が認定する研修の8分野、すなわち①乳児保育、②幼児教育、③障害児保育、④食育・アレルギー、⑤保健衛生・安全対策、⑥保護者支援、⑦保育実践、⑧マネジメントから、役職に応じて1分野につき15時間以上の研修を受けて発令されるものである。具体的には、職務分野別リーダー（保育歴おおむね3年以上）ならば①〜⑥のうち1分野、専門リーダーと副主任保育士は、どちらも保育歴おおむね7年以上で職務分野別リーダーを経験済みであることを条件に、前者は①〜⑥のうち4つ以上の分野、後者は⑧と3つ以上の分野を受けることになる。そして、職務分野別リーダーは月5000円、後の2つの役職には月4万円が支給される。

保育ソーシャルワークに関しても、このような研修の体系化の中に位置付けることを検討してよいのではないだろうか。この8分野についていえば、⑥保護者支援や⑧マネジメントが保育ソーシャルワークに関わることになろうが、できればもう1つ独立した分野としてこの研修に組み入れることも考えられる。あるいは、さらに1つ上の主任保育士のレベルに保育ソーシャルワーク研修を位置付けることもあり得よう。

日本保育ソーシャルワーク学会では、すでに「保育ソーシャルワーカー」を

認定登録している。保育ソーシャルワーカーには、初級・中級・上級の３等級が設けられ、それぞれ「保育ソーシャルワークに関する基本的な専門的知識・技術を有する保育ソーシャルワーカー」「保育ソーシャルワークに関する高度な専門的知識・技術を有する保育ソーシャルワーカー」「保育ソーシャルワークに関する高度な専門的知識・技術を有する保育ソーシャルワーカー。さらに、初級保育ソーシャルワーカー及び中級ソーシャルワーカーに対するスーパービジョンを担うことができる者」とされている。

　本学会では、保育ソーシャルワーカーを「保育ソーシャルワークに関する専門知識及び技術をもって、特別な配慮を必要とする子どもと保護者に対する支援をつかさどる者」と定義している。このような専門的力量を持つ者の必要性は、貧困や虐待等の課題を抱える家庭が広く存在する現状において、多くの保育現場に求められるものでる。この学会認定資格も、「保育所保育指針」（2017年告示）のキャリアパスに位置付けて、保育現場への配置を進め、同時に保育士の処遇改善に結び付けてよいのではないだろうか。

おわりに

　「保育所保育指針」に「幼児教育」の文言が加わった。実際には、以前から少なくとも３歳児以上の保育内容については、幼稚園や認定こども園と差がないものであったが、「幼稚園、保育所、認定こども園で行われる幼児教育が同質のものだということ、３つの幼児教育施設を卒園して小学校に入学した子どもたちの育ちは同じであることを示すもの」（無藤・汐見編、2017、58）と評される通りで、やはり意義深いことであろう。しかし、だからといって、保育における養護や福祉が後退してはならないことは言うまでもない。

　今日の日本では、格差社会・分断社会と称される状況が指摘されている。その中で、「金銭的な欠如だけでなく、社会の中で「居場所」がなく、「役割」がなく、他者との「つながり」がない状況（＝社会的排除）」（阿部、2011、124）が問題となっている。しかし、子どもの最善の利益を願うとき、保育現場では時にはそのような現実に抗して、排除されかねない状況の子どもやその家族を社会に包摂し直して、貧困や虐待等の負の連鎖から脱する支援が必要になる。この

点については、経済的な政策効果の分析によっても、「これからの日本を救うのは、保育サービスを中心とした子育て支援である」（柴田、2016、257）といわれる通りであり、社会的に価値ある取り組みに違いない。

保育ソーシャルワークの意義については、すでに本研究叢書第1巻序章において、伊藤良高が正しく指摘する通りである。それは「子どもと保護者の幸福のトータルな保障をめざし、その専門的知識と技術をもって、保育施設や地域社会における特別な配慮を必要とする子どもと保護者」（伊藤、第3巻第5章）に対して行われる重要な支援である。そしてそれは、子どもや家族が社会とのつながりをさらに豊かにする契機となるものである。この分野の保育者の養成と研修は、今後さらに取り組まなければならない重要な課題である。

注
1）保育士養成課程等検討会は、2017年12月4日、「保育士養成課程等の見直しについて～より実践力のある保育士の養成に向けて～（検討の整理）（案）」を出した。これは、近年の保育を取り巻く社会情勢の変化や、同年3月31日に保育所保育指針が改定され翌年4月1日から適用されることなどを踏まえたものである。保育士養成課程の見直しの方向性としては、①乳児保育の充実、②幼児教育を行う施設としての保育の実践、③「養護」の視点を踏まえた実践力の向上、④子どもの育ちや家庭への支援の充実、⑤社会的養護や障害児保育の充実、⑥保育者としての資質・専門性の向上が示されている。これにより保育士養成課程は2019年度から、保育士試験は2020年度から新しくなる。一方、幼稚園教諭の養成課程も、これまでの「教科に関する科目」が「領域に関する専門事項」に変わるなど、2019年度から改まる。

引用・参考文献
相澤讓治編著（2005）『新版　保育士をめざす人のソーシャルワーク』みらい。
阿部彩（2011）『弱者の居場所がない社会――貧困・格差と社会的包摂』講談社。
井出英策・松沢裕作編（2016）『分断社会・日本――なぜ私たちは引き裂かれるのか』岩波書店。
井出英策・佐藤優・前原誠司（2016）『分断社会ニッポン』朝日新聞出版。
伊藤良高編著（2014）『教育と福祉の課題』晃洋書房。
伊藤良高・永野典詞・中谷彪編（2011）『保育ソーシャルワークのフロンティア』晃洋書房。
岩田正美（2008）『社会的排除　参加の欠如・不確かな帰属』有斐閣。
NHKスペシャル「消えた子どもたち」取材班（2015）『ルポ　消えた子どもたち　虐待・監禁の真相に迫る』NHK出版。
厚生労働省（2017）『保育所保育指針〈平成29年告示〉』フレーベル館。

厚生労働省ホームページ「保育士養成校一覧」(http://www.mhlw.go.jp/stf/seisakunitsuite/bunya/kodomo/kodomo_kosodate/hoiku/index.html、2017年11月22日最終確認)。

塩野谷斉(2010)「家庭教育と教育基本法」伊藤良高・大津尚志・中谷彪編『新教育基本法のフロンティア』晃洋書房。

塩野谷斉(2015)「家庭教育と法」伊藤良高・大津尚志・永野典詞・荒井英治郎編『教育と法のフロンティア』晃洋書房。

塩野谷斉・清水優子(2008)「地域の遊び環境 ケガとお弁当はじぶんもち──プレーパークの試み──」塩野谷斉・木村歩美編『子どもの育ちと環境──現場からの10の提言』ひとなる書房。

汐見稔幸(2017)『2017年告示 新指針・要領からのメッセージ──さあ、子どもたちの「未来」を話しませんか』小学館。

柴田悠(2016)『子育て支援が日本を救う 政策効果の統計分析』勁草書房。

柴田悠(2017)『子育て支援と経済成長』朝日新聞出版。

下野新聞子どもの希望取材班(2015)『貧困の中の子ども 希望って何ですか』ポプラ社。

橘木俊詔(2010)『日本の教育格差』岩波書店。

田家英二(2014)「保育士養成とソーシャルワーク」『鶴見大学紀要』第51号第3部。

千葉千恵美(2011)『保育ソーシャルワークと子育て支援』久美。

土田美世子(2012)『保育ソーシャルワーク支援論』明石書店。

鶴宏史(2009)『保育ソーシャルワーク論 社会福祉専門職としてのアイデンティティ』あいり出版。

友田明美(2017)『子どもの脳を傷つける親たち』NHK出版。

内閣府・文部科学省・厚生労働省(2017)『幼保連携型認定こども園教育・保育要領〈平成29年告示〉』フレーベル館。

中山忠政(2012)「保育士養成課程における教科目名称の変更 「養護内容」から「社会的養護内容」へ」『プール学院大学研究紀要』第52号。

日本財団子どもの貧困対策チーム(2016)『徹底調査 子供の貧困が日本を滅ぼす 社会的損失40兆円の衝撃』文藝春秋。

日本保育ソーシャルワーク学会編(2014)『保育ソーシャルワークの世界──理論と実践──』晃洋書房。

橋本好市・直島正樹編著(2012)『保育実践に求められるソーシャルワーク──子どもと保護者のための相談援助・保育相談支援──』ミネルヴァ書房。

保坂渉・池谷孝司(2015)『子どもの貧困連鎖』新潮社。

本田由紀(2008)『家庭教育の隘路 子育てに強迫される母親たち』勁草書房。

本田由紀(2014)『社会を結びなおす──教育・仕事・家族の連携へ』岩波書店。

無藤隆・汐見稔幸編(2017)『イラストで読む! 幼稚園教育要領・保育所保育指針・幼保連携型認定こども園教育・保育要領はやわかりBOOK』学陽書房。

無藤隆・汐見稔幸・砂上史子(2017)『ここがポイント! 3法令ガイドブック──新しい『幼稚園教育要領』『保育所保育指針』『幼保連携型認定こども園教育・保育要領』の理解のために──』フレーベル館。

文部科学省(2017)『幼稚園教育要領〈平成29年告示〉』フレーベル館。

谷田貝公昭編集代表（2016）『新版・保育用語辞典』一藝社。
読売新聞社会部（2016）『貧困子供のSOS　記者が聞いた、小さな叫び』中央公論新社。

第11章
保育ソーシャルワーカーの育成

はじめに

　近年、急激な少子化の進行や社会構造・家庭・地域を含むコミュニティの変貌、また、個人のライフスタイルや価値観の多様化といった子どもと家庭を取り巻く環境が著しく変化してきている。子ども自身においては生活習慣や食習慣の乱れ、規範意識の低下、運動能力やコミュニケーション能力の低下、小学校生活への不適応などといった問題が指摘されている。また、一方で保護者については子育てに対する無理解や孤立化に伴い、過保護や過干渉、育児不安や子ども虐待といった子どもと保護者の関係をめぐる問題が指摘されている。

　また、保育者の専門性については、その立場や視点によって様々な主張がある。子どもたちの健やかな成長に向けての支援を提供するという、子どもの発達支援に着目した保育計画の立案及び実践能力に専門性を見い出そうとする立場、さらに、教育的視点に立脚した設定保育等の指導的実践能力に専門性を位置付ける見解もある。そして保育士は時代や社会のニーズに大きく影響を受け、業務内容の規定そのものが変化するといった特徴を有する。このようななか保育士が担う一部のソーシャルワーク機能として、相談援助の専門性、家庭や地域社会との密な連携、虐待予防、アドボケート（権利擁護）機能などが今日的視点として強調されている。このように近年、保育界にあっては、保育ソーシャルワークに対する関心の高まりとともに、保育者を対象とした保育ソーシャルワークをテーマとする研修も数多く開催されるようになっている。しかしながら、保育ソーシャルワークを子どもの最善の利益の尊重、ウェルビーイングの実現に向けて、学際的領域における新たな理論と実践であるという点は認めつつも誰がどのように担うのか、具体的にどのような活動をソーシャル

ワークと指すのか、また、そのシステムについては統一した見解はみられないことも事実である。

　本章では、近年注目される保育ソーシャルワーカーについて、関連する議論を踏まえながら、その育成にかかわる基本的な枠組みについて俯瞰的に論考する。具体的には、保育実践及び保護者支援・子育て支援における保育ソーシャルワークの必要性を確認したうえで、保育者養成とソーシャルワーク教育を整理する。そして、保育ソーシャルワーカー育成の現状、課題について論じていきたい。

1　保育ソーシャルワーカー

(1) ソーシャルワークとソーシャルワーカー

　ソーシャルワークとは何か。日本に現存する職業のうち、どれが国際共通概念としてのソーシャルワーカーに相当するのか。この問いを解明するための適切な言葉の発見に筆者は窮する。ソーシャルワークの概念についても様々な理解が成立する幅広い考え方である。用語の使用方法、強調するポイントなどにより、その意味や内容が変容する。例えば「ウェルビーイング」「幸福」という社会のあるべき理想や目標を意味しているのか、そのための制度・政策を表すのか、また、より具体的なクライアント支援のためのサービス内容なのか、それともクライアントの福利といったリアルな実感なのか、あるいはワーカーの立場からの具体的実践、支援内容を強調しているのか、実に多様な解釈が成立する。

　ソーシャルワークの定義は、必ずしも統一されてはいないが、基本的には世界中のソーシャルワーカーによる専門職団体が加盟する団体である国際ソーシャルワーカー連盟（International Federation of Social Workers：IFSW）の以下の定義（2002）を基本とする。

　　ソーシャルワークの専門職は、人間の福祉（ウェルビーイング）の増進を目指して、社会の変革を進め、人間関係における問題解決を図り、人々のエンパワーメントと解放を促していく。ソーシャルワークは、人間の行動

と社会システムに関する理論を利用して、人びとがその環境と相互に影響し合う接点に介入する。人権と社会正義の原理は、ソーシャルワークの拠り所とする基盤である。

 日本における子ども家庭福祉は一定の制度的枠組みのもとで体系的に推進されているが、生活課題としてのニーズを有する子ども、保護者への実際の援助実践はソーシャルワークという専門的援助技術を通じて展開されている。すなわち、ソーシャルワークは、何らかの社会生活上の困難・課題に直面している人々にかかわり、そのニーズに応じた社会資源やサービスにつなげるとともに、その機能を通じて人々の安定した生活の実現を支援していく社会福祉領域での専門的実践活動であるといえよう。

 ソーシャルワークが展開される実践の場は、社会福祉施設、行政機関、NPO、保育所、学校、医療機関など様々である。クライアントが日常に暮らしの中で遭遇する課題には貧困や疾病、しょうがいといったものがあり、すべての生活領域に及んでおり、大きな試練を生み出す。また、その対象となるクライアントの年齢層も広範囲であり、乳幼児から高齢者までのすべてが含まれる。しかし、実践の目的や機関は異なっても、そこには共通するソーシャルワークの原理・原則がある。吉田久一は「社会福祉『対象』は、歴史的社会的矛盾としての生活を背負い、一生懸命悪戦苦闘する『生きた人間』である。社会福祉従事者は、その実存に迫りつつ、問題解決に挺身し、利用者と共に生きているわけである」（吉田、1994、7-8）と、社会福祉従事者としてのソーシャルワーカーとクライアントの援助関係の意義を表現している。

 では、ソーシャルワーカーの仕事とはどのようなものであろうか。一般的には「社会福祉士の資格を有し相談援助に関する業務に従事する者」（若宮、2017）と理解されている。われわれが生活をしていく中で、何らかの理由で自分や家族のみの力で解決していく事がとても困難な問題に直面する事がある。このような時に、問題のもつ特性や性質を包括的に理解し、その理解をもとに問題解決の計画を立案し、実践し、その効果を客観的に見極めていこうとするのが社会福祉専門職としてのソーシャルワーカーである。そしてソーシャルワークはソーシャルワーカーによる直接的な実践と、プログラムやシステムを

つくる間接的な業務の両方によって支えられている。

　「日本のソーシャルワークは主として欧米の先端理論やモデルに長い間依拠してきた」（岡本・平塚、2010、249）。このように、ソーシャルワークは日本における学問的基盤や実践領域での土壌が成熟していなかったために諸外国の研究や実践の所産に依拠せざるをえなかったという歴史的事実は否めない。今後は諸説を多面的に検討し、自国にて有用なものにしていくかについては理論的補強をふまえ、既存のソーシャルワークの構造を分析し歴史的・多角的観点からその問題点と対峙し検討、分析、解明していく過程を通じて一定の結論を導き出し、それを社会に周知させなければならない。今日、ソーシャルワークが専門的対人援助技術として有効に機能していくためには、科学的手法のもとで理論の再構築に努め、臨床実践による効果もふまえた体系的研究が望まれる。それには人間の行動と社会システムに関する理論に依拠し、人権と社会正義の原理をふまえ、人間の福利（ウェルビーイング）を目指すソーシャルワークの科学的視点を明確化し、ソーシャルワークの内部構造の把握と概念整理に向けてのアプローチを行いソーシャルワークの客観的モニタリングを行うことが重要である。

（2）ソーシャルワーカーとしての保育士

　2003年7月に、国、地方自治体及び企業における10年間の集中的・計画的な取組みを促進するため、「次世代育成支援対策推進法」が制定された。その基本的な考え方として、「保育所等が地域子育て支援センターとして、広く地域の子育て家庭の相談に応じるとともに、虐待などに至る前の予防対応を行うなど、一定のソーシャルワーク機能を発揮していくことが必要である」と子育て支援施策の基本的方向の1つとしてのソーシャルワーク機能の発揮・強化が打ち出されるとともに、その機能を担う保育士の専門性向上についての提案がなされた。これは、保育所等が入所（園）中の子どもの発達支援、教育のみならず、その保護者に対する子どもとの関係等をふまえた適切な支援、さらには地域の子どもや、その保護者に対する子育て支援の役割を示唆するものであった。

　2008年3月「厚生労働省「保育所保育指針」」においては保育士が担う一定のソーシャルワーク機能として、相談援助の専門性、家庭や地域社会との密な

連携、虐待予防、アドボケート（権利擁護）機能などが今日的視点として強調されている。これらは乳幼児の発達支援、生活支援を主とする保育から、保護者支援（入所児童の保護者への支援）・地域子育て支援（在宅子育て家庭への支援）へという質的転換を求めるものといえよう。この点について、網野武博は、「子育て支援、特に保護者に対するケースワーク（個別援助技術）を主とした相談援助という専門機能にふれながら、保育所の対象が在園する子どものみから、地域の保護者へと広く拡大したことが、今後、保育士がソーシャルワーク機能を強化すべき必然性であると述べている」（網野、2002）。また、石井哲夫は、保育士の地域子育て支援や、増加する子ども虐待に対するセーフティネットの役割をもふまえたソーシャルワーク機能の強化を主張している。伊藤良高は、「保育所等が地域子育て支援センターとして、地域の子育て家庭に対する相談援助機能を強化するとともに、虐待などの問題が顕在化に至る前の潜在的ニーズへの予防対応をも含めた、アウト・リーチのスタンスを重視した一定のソーシャルワーク機能が要求される」（伊藤、2007、3）と、新たな保育所機能を展開する上で保育士の専門性について述べている。

　この伊藤の主張においては、近年増加しているソーシャルワーク的支援を必要とする家庭の子育て支援などの新たな対応に向け、一定の実務経験を積んだ保育士等を、こうした役割を担うスタッフ（保育ソーシャルワーカー）としての養成、教育していくシステムの在り方の提案をしている点が注目される。

　さらに、谷口は「ソーシャルワークの価値・理論・理念に基づく実践システムが機能しているとは言いがたい」（谷口、2001、34-37）と、現在の保育所機能・保育士の専門性の脆弱さをこのように指摘し、さらに自立支援・家庭支援のソーシャルワーク具現化の際のスキル、課題解決型のアプローチの必要性を主張している。

　このように先行研究においても、保育ソーシャルワークというワードが整理されつつある。これらにおいては、子どものみならず親・保護者を含めた家族を対象とし、心理面をも含みながら包括的にサポートするソーシャルワーカーとしての専門性という共通性がある。つまり、子どもの発達支援、教育という個別ニーズに加えて家族背景や社会的側面、アドボカシー、さらにはソーシャルサポート・ネットワークの有無などを視野に入れた援助の在り方が求められ

ている。

　換言すれば、保育ソーシャルワークの基本視点として、子ども、家庭、地域をホリスティック（全人的・包括的）に捉える視点に立脚したソーシャルワークの展開や保護者、関連機関との連携など、子育てをめぐる協働性の開発といったコミュニティワーク（地域福祉援助技術）機能やケアマネジメント機能を示唆しているといえよう。この背景には、保育所に対する子育て支援を中心とした、幼稚園、認定こども園等の保育施設、医療機関、児童相談所など様々な機関との連携・協働という新たな機能が求められてきたことがある。

　これは、保育士等の役割が乳幼児の発達支援、生活支援、教育を主とするミクロ（個別）・レベルの「保育」から、保護者支援・地域子育て支援といったメゾ（地域）・レベル、社会保障その他の施策を含むマクロ・レベル（制度、政策）と拡大していくことが社会的・時代的要請となっており、保育ソーシャルワークの基本的視座といえよう。また、子ども家庭福祉、保育における実践方法においても、子どもの発達支援、地域子育て支援、保護者支援、地域における支援ネットワークシステムの構築、アドボカシー（権利擁護）といった援助方法を横断的かつ総合的にマネジメントするための質的転換を求めるものである。

（3）保育者養成とソーシャルワーク教育

　日本のソーシャルワーク教育においては、社会福祉専門職の国家資格として位置付けられている社会福祉士、介護福祉士、精神保健福祉士、そして保育士養成課程において、それぞれの到達目標に応じた教育カリキュラムが設定されている。その内容もソーシャルワーカーとしての専門的な援助を実践できるようになるための教育、ソーシャルワーク的な視点を備えるためのもの、また、ソーシャルワーク的なかかわりができるための教育と、その目指すゴールは様々である。

　保育士は時代や社会のニーズに大きく影響を受け、業務内容の規定そのものが変化するといった特徴を有する。1997年の児童福祉法の一部改正により、保育所自体にも、保育に関する情報提供及び乳幼児等の保育に関する相談についての努力義務が設けられ（第48条の3）、保育所を利用していない家庭を対象とした相談や情報提供が強化された。さらに、地域における子育て支援の重要性

の高まりなどへの対応として、2001年に児童福祉法が一部改正され、保育士資格の法定化が図られた。

　厚生労働省では、保育を取り巻く環境の変化等を踏まえ、保育所保育指針の改定（訂）作業に向けた取組みが行われ、新保育士養成課程の1991年以降、2011年までの改定のなかでソーシャルワーク関連の科目が毎回改定されており、ソーシャルワーク理論・スキル修得に対する模索が続いている。現行カリキュラムにおいては「保育相談支援」が演習科目1単位（45時間）、「相談援助」が演習科目として1単位（45時間）位置付けられている。これまでの改正点においても、演習科目の必修化等、保育所以外の児童福祉施設における保育士としての専門性の向上、育児相談等家族支援といった時代の要請に応じた科目の強化がなされている。加えて、これは子育て支援というキーワードの下で相談援助機能を重視したソーシャルワーカーとしての保育士の専門性が再認識され、その具体的内容の検討が求められているものと言える。つまり、これらの保育士養成課程の改正は保育所にはこれまでの乳幼児の教育・発達支援に立脚した専門性に加えて親・保護者を含めた家族を対象とし、相談援助機能やカウンセリング機能を発揮しながらクライアントを包括的にサポートするソーシャルワーカーとしての専門性が求められるようになったとし、人、環境との関係性の在り方という援助の視点の転化を示唆するものであり、保育士のソーシャルワーカーとしての専門性に対する再認識を迫るものである。

　保育内容や発達支援・教育的側面への関心が高く、ソーシャルワークという専門的援助技術を通じて展開される支援という側面に対する認識の不足があった点を指摘している（野澤、1995、211）。

　また、今堀美樹は、「親・保護者を含めた家族支援等の相談援助に関する専門性に着目し、社会福祉専門職としての保育士の実践を保育ソーシャルワークとして再構築する方向を模索している」（今堀、2002、183）と問題提起をしている。

　さらに鯨岡峻は、既存の科学的知識・技術を実践に適用する従来の専門職像に対し、自身の行為を省察し実践を通して知識を生成する「省察的実践者」（ショーン、2007、74）という新しい専門職像を通じ、権威を有する技術的熟達者としてのパターナリズムともいえる専門職観に対する批判とともに一石を投じ

ている。これは社会科学に帰属し、応用科学であり、偶発性を多く含み、不確実で多くの曖昧さを有する対人援助実践としての保育に対し、専門的理論や技術が不断に問い直されるものであるという「振り返り」の視点が軽視されていると主張するものであり、換言すればソーシャルワーク過程におけるモニタリングの重要性を示唆したものであろう。

　このように、ソーシャルワーカーとしての保育士の専門性についての先行研究のレビューからも近年の社会福祉制度、政策、サービス提供の理論的枠組みが大きく変貌した背景には社会福祉サービスの大きな変化が存在する。つまり、その対象を一部のマイノリティから"すべての人々"を対象としたサービスメニューの普遍性を強調するウェルビーイング・サービスへの転換である。すなわち、子ども家庭福祉がサービスを受ける側の意識が、その在り方に反映されるべきとの立場から「与えられる福祉」から「クライアント主体で形成する福祉」を論じる新たな潮流をもたらしている。そのキーワードはソーシャル・インクルージョン（共生・社会的包摂）である。異なる生活や価値観を双方が認め合い、変化と成長を促し新たな地域・文化の形成に関与することになる。

　厚生労働省資料によると、近年、保育ニーズの拡大・多様化に伴い、保育士養成施設が増加し、このうち、大学が37％、短期大学が45％、専修学校が18％となっており、特に大学での保育士養成が年々増加している。そして、子ども家庭福祉問題の多様化・複雑化に対応するため、保育士の専門性の向上や保育所の組織的対応、地域の関係機関との連携等が必要とされている。今後、求められる保育士の臨床実践も他専門職と同様にクライアントのウェルビーイング確保のためにどのように貢献できるか明言できなければならない。したがって、ソーシャルワーカーとしての社会的意義をふまえ、対象となる人間そのものについて、また、社会構造について、行動や情動等の心理面についての理解とそれに関する専門知識が要求されることになるであろう。

2 ｜保育ソーシャルワークの意義

（1）保育ソーシャルワーク論の諸相

　少子化対策が大きな社会問題となり始めた1990年代以降、保護者支援・子育て支援の必要性が唱えられるようになった。その後「子育て支援」がキーワードとなり、企業や地域社会を含め社会全体で取り組んでいくことが課題であると提起された。具体的な施策としては、地域子育てネットワークの構築に向けて育児不安等についての相談指導や子育てサークル等への支援などを行う地域子育て支援拠点事業や保護者の育児疲れに対するレスパイト（respite 休息）として一時預かり事業や預かり保育等、多くの子育て支援事業が展開されるようになった。さらに前述の2003年の厚生労働省報告書「社会連帯による次世代育成支援に向けて」では保育所等の地域子育て支援センターとして、相談援助・虐待などに至る前の予防対応を行うなど、一定のソーシャルワーク機能が、その専門性として明示された。

　ここでは、保育所・保育士を中心とする保育施設・保育者がソーシャルワーク的専門性を駆使し、子育て支援に積極的に対応していくことの意義が示されている。これらを背景に保育とソーシャルワークの学際的領域である「保育ソーシャルワーク」への関心が高まってきている。

　近年、多くの研究者・実践家によって子ども・保護者支援、地域子育て支援などを対象とする保育ソーシャルワーク論が展開されている。その専門性についても多くの議論があるが、石井は「保育士の地域子育て支援や増加するこども虐待に対するセーフティネットの役割をもふまえたソーシャルワーク機能の強化」（石井、2002、1）を主張し、網野は、保護者に対するケースワークを主とした相談援助の専門機能に着目している。これらにおいては子どものみならず親・保護者を含めた家族を対象とし、心理面をも含みながら包括的にサポートするソーシャルワーカーとしての専門性という共通性がある。

　近年、保育界にあっては、保育ソーシャルワークに対する関心の高まりとともに、保育者を対象とした保育ソーシャルワークをテーマとする研修も数多く開催されるようになっている。また、関係する人材の交流を促進し、学術研究

を推進する学会として、「日本保育ソーシャルワーク学会」も創設されるまでにいたっている。しかしながら、保育ソーシャルワークを子どもの最善の利益の尊重、子どもと家庭のウェルビーイング（幸福）の実現に向けて、学際的領域における新たな理論と実践であるという点は認めつつも誰がどのように担うのか、そのシステムについては統一した見解はみられないことも事実である。

伊藤は、保育ソーシャルワークの意義として、「1．これまでの保育施設で実践されてきた保育の意味のモニタリング」。これを通じて養護（生命・生存・生活保障）と教育（成長・発達・人格形成機能）が一体となった保育または保育実践のもつ意義が一層リアルなものになる。「2．保育ソーシャルワークの視点から、これまで保育所等保育現場において取り組まれてきた『保護者支援』または『子育て支援』の意味や内容、あり方に対するモニタリング」（伊藤、2011、9）と、2点を先験的に明示している。保育士はその資格・職種が児童福祉法に規定されており、専門性については、立場や視点によって様々な主張がある。山縣文治は社会福祉専門職としての保育士の専門性についてあまり関心が寄せられてこなかった点を指摘している（山縣、1998、119）。また、永野は保育現場の実践とソーシャルワーク理論の乖離について指摘している。（永野、2012、28）。

このような背景を鑑みると、保育ソーシャルワークという言葉が独り歩きすることになってしまい、自らの保育実践や子育て支援実践がどのように子どもや保護者、家庭の福利に貢献しうるのかという視点が欠落する可能性があり、慎重な議論が求められている。よって、保育ソーシャルワークの意義とは、保育とソーシャルワークの相互の関連または連続性を強く意識させるものにほかならないと考えることができる。

（2）保育ソーシャルワーク論をめぐる議論

近年、「保育ソーシャルワーク」という用語が普遍化した。それをキーワードとした保育者対象の研修も開催されるようになってきているが、この用語が意味するものやその内容、明確な定義についてまだ一致した見解があるわけではない。これまでの「保育ソーシャルワーク」をキーワードにした先行研究のレビューにおいて示唆される点を述べる。研究対象としたのは1997年の児童福祉法改正以降に発表された論文・著作物である点をあらかじめ断っておく。

鶴宏史は、社会福祉学の立場から、保育ソーシャルワークの概念を検討している。このような議論は、子育て支援の中心に保育所が位置付けられて以降であり、特に保育士が国家資格化（法定化）される2001年前後より普遍化している。網野武博は、子育て支援、特に保護者に対するケースワークを主とした相談援助という専門機能にふれながら、保育所のスタンスが在園する子どものみから、地域の保護者へと広く拡大したことが、今後、保育士がソーシャルワーク機能を強化すべき必然性であると述べている。

　さらに、土田美世子は、エコロジカル・パースペクティブ（ecological perspective：生態学的視座[2]）に基づくソーシャルワークという視点から、保育者の支援技術として、従来から重視されてきた子どもに対する保育技術に加え、保護者に対する相談援助技術、子どもと保護者の関係性及び環境に対するアプローチの意義を主張し、その介入の対象として、以下の1～4を掲げている。1．就学前の子ども、2．子どもと保護者の関係性、3．子育ての主体者としての保護者、4．子どもの環境及び保護者による子育てを支援する環境、さらに。これらをふまえて、保育者の専門性について、ケアワークの専門性を追求していくとともに、ソーシャルワークの視点を持ち、チームケアとして実践されることの意義を提唱している。

　伊藤は、「保育所等が地域子育て支援センターとして、地域の子育て家庭に対する相談援助機能を強化するとともに、虐待などの問題が顕在化に至る前の潜在的ニーズへの予防対応をも含めた、アウト・リーチのスタンスを重視した一定のソーシャルワーク機能が要求される」（伊藤、2007、3）と、新たな保育所機能を展開する上で保育士の専門性について述べている。

　この伊藤の主張においては、近年増加しているソーシャルワーク的支援を必要とする家庭の子育て支援などの新たな対応に向け、一定の実務経験を積んだ保育士等を、こうした役割を担うスタッフ（保育ソーシャルワーカー）としての養成、教育していくシステムの在り方の提案をしている点が注目される。このように先行研究においても"保育ソーシャルワーク"というワードが整理されつつある。これらにおいては子どものみならず親・保護者を含めた家族を対象とし、心理面をも含みながら包括的にサポートするソーシャルワーカーとしての専門性という共通性がある。

このように、保育士等の役割が自己完結的であったミクロレベルの実践を、メゾ、マクロレベルへと拡大していくことが社会的・時代的要請となっており、保育ソーシャルワークの基本的視座である。しかしながら、これらを通じ保育所の専門機能である教育的視点にたった発達支援・ケアワークに加えてソーシャルワーク機能が必要であるという点は認めつつも誰がどのように担うのか、どの援助をソーシャルワークと指すのかなどについては統一した見解はないことが分析される。

これらをふまえ、保育ソーシャルワークの理論と実践をめぐる課題として、伊藤は、以下の3点を指摘している。1．保育ソーシャルワークの概念の明確化。2．保育ソーシャルワークの対象とする領域の整理、3．保育ソーシャルワークを担う主体・対象の設定。今後、保育ソーシャルワークの基礎理論を構築するには、主体性・独自性のさらなる追求とともに、いかに保育現場に親和性のある理論と実践モデルを提供するためのフレーム構築が重要である。

3 保育ソーシャルワーカー養成の現状と課題

（1）保育ソーシャルワーカー養成をめぐる議論

先述のように、急速な少子高齢化の進展ならびに子ども・家庭、地域を取り巻く環境の変化に伴い、未就学の子どもの保育・教育、家庭・地域の子育て支援のニーズは多様化している。それに伴う保育施設に対する期待も拡大・深化してきている。つまり、利用する子どもの保育のみならず地域の社会資源の開発も含む活用、有機的連携を図りながら、保護者支援、地域の子育て支援これらを背景に、子ども・子育て支援に対するニーズの高まりがうかがえる。こうしたなかにあって、保育者としての専門性とスキルをベースに保護者支援・子育て支援をスペシフィックに展開する人材養成の体制の構築の意義が重視されている。

保育ソーシャルワークと保育ソーシャルワーカーをめぐる議論において、山本は、保育ソーシャルワークに関する研究動向を主として保育所におけるソーシャルワーク機能の実践的展開という側面から考察している。そのなかで「これからの保育を支える人材の教育について検討する必要性」（山本、2013、49）

として保育士養成課程におけるソーシャルワーク教育の充実を提言している。伊藤は、新たな保育所機能を展開する上で保育士の専門性についてふれながら、保育ソーシャルワークを中核的に担う専門職としての公証たる免許・資格をいかに位置付け、構想していくか、という問題について「近年増加している家庭の子育て支援などの新たなニーズへの対応に向け、保護者支援・子育て支援をスペシフィックに担う人材の養成、教育していくシステムの在り方」(伊藤、2007、3)を強調するとともに、保育現場に親和性のあるソーシャルワーク理論と実践モデルを備えた保育ソーシャルワークの枠組みの確立の意義を主張している。

　また、永野は、保育施設に特化した保育ソーシャルワーカーの可能性に着目している。保育ソーシャルワークの主体、その専門性や機能を検討した上で「保育ソーシャルワーカーには、社会福祉の専門的な知識、価値、技術のほかにも子どもの保育・発達や保育技術、子育てという場の理解などが必要になることから、保育の専門性とソーシャルワークの専門性の両方を持つことが重要となる」(永野、2011、112)と述べて、保育士資格、幼稚園教員免許状、社会福祉士資格を有する者が保育ソーシャルワーカーの条件となるための体制整備を議論している。

　国家資格である保育士は、その資格・職種が児童福祉法において規定されている。その専門性については、その視点やスタンスによって様々な主張がある。今堀美樹は、「保育士の社会福祉援助職としての専門性が、子育て支援という保育サービスに対する新たな考え方を背景に再認識され、その具体的な内容について検討が求められている」(今堀、2002、183)と唱え、社会福祉専門職としての保育士の実践を保育ソーシャルワークとして再構築する方向を模索している。

　これらが示すことは、保育とソーシャルワークは、それぞれが役割・機能や必要とされる固有の専門性を持っており、相対的に異なるものであるということである。同時に、保育とソーシャルワークはともに、そのめざすものが人間の福祉(ウェルビーイング)の増進であり、人権と社会正義の原理を有するなど、多くの部分で重複していることを認識しておく必要がある。そして、その理論的かつ実践的な枠組みを設定するなかで、独自の学術的な体系の構築が求めら

れるといえよう。

（2）日本保育ソーシャルワーク学会の取り組み

　近年、保育界においては保育ソーシャルワークへの関心の高まりとともに、「保育ソーシャルワーク」という言葉が、保育学界及びソーシャルワーク学界並びに保育所等保育現場で意識的に活用されるようになってきており、それをキーワードに保育スーパーバイザー養成研修等の保育者を対象とした研修会が広く開催されるようになっている。また、保育学界及びソーシャルワーク学界において、保護者に対する支援（子育て支援）を保育施設・保育者の新たな役割・機能として位置付ける保育ソーシャルワーク論が積極的に展開され始め、その理論と実践の組織化と体系化を求める機運が高まってきた。（伊藤、第1巻序章）。

　そして、保育ソーシャルワークを学術的に研究する専門学会として2013年11月に日本保育ソーシャルワーク学会が設立された。その意義について、伊藤は「一地方からの発信となる全国学会の誕生のほか、高度に専門的な保育ソーシャルワークの研究・交流の促進や保育ソーシャルワークに関する中堅・若手研究者及び実践者の育成」（伊藤、2017、84）としている。

　その目的として、日本保育ソーシャルワーク学会「会則」（2013年11月）によれば、「保育ソーシャルワークの発展を期し、保育ソーシャルワークに関する研究及び交流を図り、もって、子どもと家庭の幸福の実現に資すること」（第3条）を掲げている（伊藤、2017、84）。学会が主として取り組んできた事業としては、研究大会の開催、機関誌の発行、会員名簿の作成、研究助成の実施、学会設立記念出版の刊行、学会認定資格「保育ソーシャルワーカー」養成研修の実施、同研修テキスト作成、学会創立5周年記念出版の企画等が挙げられる。

　学会の萌芽期ないし確立期にあるともいえる日本保育ソーシャルワーク学会であるが、今後、そのさらなる発展をめざして、委員会活動の拡充や学会支部の設置、内外の関係学会との交流促進、さらには一般社団法人化などについて取り組んでいる。今後の課題としては、保育とソーシャルワークを、いわば「車の両輪」として保育ソーシャルワークの理論的かつ実践的な枠組みを設定するなかで、独自の学問体系を構築していくことが求められるといえよう。

保育ソーシャルワークをめぐる課題のもう1点は、保育ソーシャルワークを中核的に担う専門職としての公証たる位置付けをどのように構想するのかということが挙げられる。

特に学会認定資格「保育ソーシャルワーカー」養成研修の実施については、伊藤・永野・宮﨑らによる保育ソーシャルワーカー養成の必要性と重要性を唱え、その構想と制度設計、当面する課題についての提言をふまえ、スタートしている。この日本保育ソーシャルワーク学会会認定資格について、同学会は、保育ソーシャルワーカーを「保育ソーシャルワークに関する専門的知識及び技術をもって、特別な配慮を必要とする子どもと保護者に対する支援をつかさどる者」と定義付けている。子ども・保護者の育ちとライフコース全般を視野に入れ、子ども・家庭・地域をホリスティックに支援することをマネジメントする専門職としての「保育ソーシャルワーカー」養成を目指しており、2016年度以降、「初級」「中級」「上級」3等級の保育ソーシャルワーカーの養成研修、資格認定・登録が始められており、今後の動向とその成果が注目されている。養成研修は、現在その独自性が十分に確立していないという課題があるが、保育ソーシャルワーカーの資格認定制度の整備がさらに深化、定着することにより、その存在意義や価値といったプレゼンス（存在意義）を確立することが今後の課題である。

おわりに

先行研究から、保育ソーシャルワークの明確な概念規定、その固有性を見出す事は容易ではない。これまでも保育の領域では、「内省的実践家」としての専門職像が探究されてきた。しかしながら、具体的にソーシャルワーク実践としての理解がなされていたかといえば必ずしもそうとはいえない。つまり、理論上では従来から明確にされ、重視されながらも実践上では十分に遂行されてこなかったものと表現できよう。

今後、保育ソーシャルワーク理論の精緻な理論体系の構築に向けてはソーシャルワークとしての保育に求められる知識と技術を明示すること。さらに、理論を実践に移すためには理論的成熟に加えて、その担い手となる保育ソー

シャルワーカーの養成システムのさらなる深化が求められている。また、保育ソーシャルワークの課題の1つとしては、保育ソーシャルワークの概念の明確化があげられよう。子ども、親・保護者を含むクライアントの福利に向けて、既存のソーシャルワーク理論の援用ではなく、保育原理や固有性をふまえた新たな理論、そして実践として考究されていくべきであろう。それは、諸外国のソーシャルワーク理論から実践を理解するのではなく、実践を理論化し、わが国のソーシャルワークに即した理論化の模索であり、さらに、科学性に裏打ちされた専門的スキルとしての理論を構築し、その臨床実践におけるクライアントとの関係の質の保証につとめる社会的責務を担うものである。

注
1) ドナルド・A・ショーン（Schon, D. A.）は、『省察的実践とは何か』（1983）において、既存の科学的知識・技術を実践に適用する「技術的合理性」モデルにもとづく従来の専門職像に対し、自身の行為を省察し実践を通して知識を生成する「省察的実践者」という新しい専門職像を提示した。
2) ジャーメイン（Germain, C. B.）、ギッターマン（Gitterman, A.）らが提唱するソーシャルワークにおける重要概念。1980年に、ジャーメイン、ギッターマンは、*The Life Model of Social Work Practice*（Columbia University Press）を出版し、ライフモデル（life model）を体系化した際の背景理論。

引用・参考文献
網野武博（2002）「保育所、保育士に求められる新しい役割」『保育所の保育内容に関する調査報告書 平成13年度版』日本保育協会、（http://www.nippo.or.jp/cyosa/hei13/01/01_03_01.htm、2017年12月26日最終確認）。
石井哲夫（2002）「私説 保育ソーシャルワーク論」『白梅学園短期大学 教育・福祉研究センター研究年報』第7号。
伊藤良高（2007）「日本乳幼児教育学会第17回大会研究発表資料」。
伊藤良高（2012）「保育現場に親和性のある保育ソーシャルワークの理論と実践モデルに関する一考察」香崎智郁代・永野典詞・三好明夫・宮崎由紀子 熊本学園大学総合科学研究会編『熊本学園大学論集・総合科学』第19巻第1号。
伊藤良高（2017）日本保育ソーシャルワーク学会編『保育ソーシャルワーカーのおしごとガイドブック』風鳴舎。
伊藤良高（2018）「保育ソーシャルワークとは何か」日本保育ソーシャルワーク学会編『保育ソーシャルワーク学研究叢書 第1巻——保育ソーシャルワークの思想と理論——』晃洋書房。
今堀美樹（2002）「保育ソーシャルワーク研究——保育士の専門性をめぐる保育内容と援

助技術の問題から――」『大阪キリスト教短期大学紀要　神学と人文』第42集．
岡本民夫・平塚良子編（2010）『新しいソーシャルワークの展開』ミネルヴァ書房．
厚生労働省・次世代育成支援施策の在り方に関する研究会「社会連帯による次世代育成支援に向けて」2003年，（http://www.mhlw.go.jp/topics/bukyoku/seisaku/syousika/030807-1.html，2017年12月26日最終確認）．
ショーン，D. A.（2007）『省察的実践とは何か――プロフェッショナルの行為と思考――』柳沢昌一・三輪建二 監訳，鳳書房，（http://www.mhlw.go.jp/shingi/2010/03/s0324-6.html、2017年12月18日最終確認）．
谷口泰史（2001）『求められる包括的な実践パラダイム――これからの児童ソーシャルワークの課題と展望――』（特集21世紀　子ども家庭福祉の展望――子ども家庭福祉の新しい展開――）雑誌：世界の児童と母性（資生堂社会福祉事業団）．
永野典詞（2011）「保育ソーシャルワーカーの可能性」伊藤良高・永野典詞・中谷彪編『保育ソーシャルワークのフロンティア』晃洋書房．
野澤正子（1995）「保育内容と技術」待井和江・野澤正子・川原左公編『保育内容論』東京書籍．
山縣文治（1998）「保育サービス」庄司洋子・松原康雄・山縣文治編『家族・児童福祉』有斐閣．
山本佳代子（2013）「保育ソーシャルワークに関する研究動向」『山口県立大学学術情報』第6号（社会福祉学部紀要　通巻第19号）．
吉田久一（1994）『日本の社会福祉思想』勁草書房．
若宮邦彦（2017）「児童家庭福祉と放課後児童クラブ」（2017（平成29）年度宮崎県放課後児童支援員養成研修会資料）．
International Federation of Social Workers（2002）（http://ifsw.org/、2017年12月12日最終確認）．

索　引

〈ア　行〉

旭川学力テスト事件判決　9
預かり保育　58
アドボケート　175
安心こども基金　71
生きる力　88
育児保険　41
石井哲夫　175
一時預かり事業　61, 179
伊藤良高　14, 24, 63, 86, 168, 175
インクルーシブ保育　116
エリクソン, J. M.　94

〈カ　行〉

外国にルーツをもつ子ども　81
介護福祉士　142
学制　50
学校教育法　53, 85, 121
カリキュラム・マネジメント　88, 121
企業主導型保育事業　42
気になる子（ども）　33, 129
キャリアアップ　131
キャリアパス　166
教育　73
教育課程　121
教育基本法（改正教育基本法）　11, 53, 160
教育振興基本計画　71
教育令（1879年）　50
教育を受ける権利　9
共通基礎課程　150
倉橋惣三　93
ケアワーク　24
校則　8
幸福に生きる権利　24
公立保育所　39
国際ソーシャルワーカー連盟　172
子育て安心プラン　61, 105
子育て支援　25, 112, 179
　──員　42

子育て世代包括支援センター　109
子ども・子育て関連3法　21, 72
子ども・子育て交付金　22
子ども・子育て支援　20
　──新制度　22, 61, 72
　──法　35, 79, 127
子ども・子育てビジョン　71
子どもの権利条約　10
子どもの権利擁護　13
子どもの人権　7
子どもの貧困　104
子供の貧困対策に関する大綱　111
コミュニティワーク　176
5 領域　125
今後の子育て支援のための施策の基本的方向について（エンゼルプラン）　25, 37

〈サ　行〉

参加する権利　5
自己決定権　8
次世代育成支援対策推進法　174
施設型給付　22
実習指導者研修　148
児童虐待　104
児童福祉法　13, 33, 76, 86, 123
自閉症スペクトラム　129
シームレスケア　116
社会福祉士　142
就学前の子どもに関する教育、保育等の総合的な提供の推進に関する法律（認定こども園法）　26, 68, 127
宗教的自由　10
出張相談　110
人格完成　92
人生の始まりこそ力強く（Starting Strong）　64
スーパービジョン　147
全体的な計画　119
相談援助　158
ソーシャル・インクルージョン　116
ソーシャルワーカー　173

ソーシャルワーク　34, 87, 141, 172
　──機能　87
　──教育　176
　児童家庭──　34
　スクール──　155
育つ権利　4

〈タ　行〉

待機児童　62
対人援助専門職　27
地域型保育給付　22
地域子育て支援センター　37, 137
地域福祉　35
地域連携コーディネーター　38
チーテルマン，C.（松野クララ）　50
チーム保育　36
東京女子師範学校附属幼稚園　50
ドメスティックバイオレンス　106
豊田芙雄　50

〈ナ　行〉

内省的実践家　185
日本国憲法　6, 23
日本版ネウボラ　38
日本保育ソーシャルワーク学会　108, 145, 166, 180
認定こども園　68

〈ハ　行〉

育みたい資質・能力　122
パターナリズム　6
発達障害　104
非嫡出子　11
PDCAサイクル　89
ファミリーソーシャルワーカー　28
不適切な養育（マルトリートメント）　81, 162
ヘファナン，H.　56
保育　73
保育課程　119, 125
保育・教育実習　148
保育教諭　80

保育経営　26
保育コンシェルジュ　110
保育士資格　156
保育者　155
　──の専門性　150
　──養成　139
保育所　36
　──制度改革　40
保育士養成施設　156
保育所保育指針　25, 113, 119, 124, 137, 163, 174
　──解説（書）　27, 44
保育スーパービジョン　30
保育制度　23
保育ソーシャルワーカー　29, 81, 108, 145, 166, 185
保育ソーシャルワーク　24, 35, 63, 77, 128, 180
　──教育　165
保育要領　53, 123
保護者に対する支援　26
母子健康包括支援センター　108
母子保健法　38, 114

〈マ・ヤ行〉

マスロー，A. H.　95
幼児期からの人間力向上　75
幼児期の終わりまでに育ってほしい姿　85, 122
幼児期の教育　12, 55
幼稚園　53
　──教育要領　25, 137, 163
幼稚園教諭　136
幼稚園保育及設備規程　53
幼稚小学　50
幼保連携型認定こども園　73, 86
　──教育・保育要領　24, 78, 123, 138, 163
　──の学級の編制、職員、設備及び運営に関する基準　77

〈ラ　行〉

リーダーシップ　96
利用者支援事業　38

《執筆者紹介》（執筆順、＊は編集委員）

＊伊藤良高（いとうよしたか）	奥付参照	はしがき、第2章、第5章
＊橋本一雄（はしもとかずお）	奥付参照	第1章
＊櫻井慶一（さくらいけいいち）	奥付参照	第3章
金子　幸（かねこさち）	南九州大学人間発達学部講師	第4章
横松友義（よこまつともよし）	岡山大学大学院教育学研究科准教授	第6章
村上　満（むらかみみつる）	富山国際大学子ども育成学部教授	第7章
香﨑智郁代（こうざきちかよ）	九州ルーテル学院大学人文学部准教授	第8章
牛島豊広（うしじまとよひろ）	中村学園大学短期大学部講師	第9章
塩野谷　斉（しおのやひとし）	鳥取大学地域学部教授	第10章
若宮邦彦（わかみやくにひこ）	南九州大学人間発達学部教授	第11章

《監修》
日本保育ソーシャルワーク学会
　　2013年11月30日創立．本学会は、「保育ソーシャルワークの発展を期し、保育ソーシャルワークに関する研究及び交流を図り、もって、子どもと家庭の幸福の実現に資する」（会則第3条）ことを目的としている．
　　連絡先 E-mail（学会事務局）：jarccsw@gmail.com

《編集委員略歴》
伊藤良高（いとう　よしたか）
　　名古屋大学大学院教育学研究科博士後期課程単位認定退学
　　現　在　熊本学園大学社会福祉学部教授、桜山保育園理事長、博士（教育学）
　　主　著　『保育制度改革と保育施設経営』（風間書房，2011），他

櫻井慶一（さくらい　けいいち）
　　日本社会事業学校社会福祉専修科修了
　　現　在　文教大学人間科学部名誉教授，文教大学生活科学研究所客員研究員，修士（文学）
　　主　著　『保育制度改革の諸問題——地方分権と保育園——』（新読書社，2006），他

立花直樹（たちばな　なおき）
　　関西学院大学大学院社会学研究科博士課程前期課程修了
　　現　在　聖和短期大学准教授，修士（社会学）
　　主　著　『保育実践を深める相談援助・相談支援』（共編，晃洋書房，2017），他

橋本一雄（はしもと　かずお）
　　九州大学大学院比較社会文化学府博士後期課程単位修得退学
　　現　在　中村学園大学短期大学部講師，修士（法学）
　　主　著　『保育・幼児教育のフロンティア』（共編，晃洋書房，2018），他

保育ソーシャルワーク学研究叢書　第3巻
保育ソーシャルワークの制度と政策

2018年11月10日　初版第1刷発行　　＊定価はカバーに表示してあります

監　修	日本保育ソーシャルワーク学会 ©	
責任編集	伊藤良高　櫻井慶一　立花直樹　橋本一雄	
発行者	植田　実	

責任編集の了解により検印省略

発行所　株式会社　晃洋書房
〒615-0026　京都市右京区西院北矢掛町7番地
電話　075(312)0788番（代）
振替口座　01040-6-32280

装丁　クリエイティブ・コンセプト　印刷・製本　亜細亜印刷㈱
ISBN 978-4-7710-3094-7

JCOPY〈㈳出版者著作権管理機構　委託出版物〉
本書の無断複写は著作権法上での例外を除き禁じられています．複写される場合は、そのつど事前に、㈳出版者著作権管理機構（電話 03-3513-6969, FAX 03-3513-6979, e-mail : info@jcopy.or.jp）の許諾を得てください．

伊藤良高　編集代表
2018年版　ポケット教育小六法
新書判 340頁
定価1300円（税別）

伊藤良高・宮崎由紀子・香崎智郁代・橋本一雄 編
保育・幼児教育のフロンティア
Ａ５判 176頁
定価1800円（税別）

伊藤良高・伊藤美佳子 編
乳児保育のフロンティア
Ａ５判 120頁
定価1300円（税別）

伊藤良高・冨江英俊 編
教育の理念と思想のフロンティア
Ａ５判 120頁
定価1300円（税別）

伊藤良高・伊藤美佳子 著
新版　子どもの幸せと親の幸せ
Ａ５判 176頁
定価1800円（税別）

石村卓也・伊藤朋子 著
教職のしくみと教育のしくみ
Ａ５判 246頁
定価2800円（税別）

石村卓也・伊藤朋子・浅田昇平 著
社会に開かれたカリキュラム
――新学習指導要領に対応した教育課程論――
Ａ５判 264頁
定価2900円（税別）

福井逸子・山森泉 著
エピソードから始まる保育の描き方・学び方
Ａ５判 124頁
定価1800円（税別）

伊藤良高 編著
第２版　教育と福祉の課題
Ａ５判 248頁
定価2600円（税別）

天野正輝 著
教育的かかわりの探究
Ａ５判 150頁
定価1900円（税別）

晃洋書房